# はじめに

定年退職後、年金生活に入り、また、現役時代の蓄えをもとに余裕をもった生活をおくりたいと誰もが考えていると思います。しかし、まとまったお金が必要になり、事前に準備をしておかなければならない場面があります。それが、相続・遺言、住宅、介護、葬式・お墓です。

**❶相続税を支払うことになるのは、今までは一部の富裕層に限られていました。しかし、相続税法の改正により、大都市圏に土地・家屋を持つ人を中心に相続税の課税対象となる可能性が出てきました。**

**❷働き盛りの頃に購入した住まいが、定年退職前後にリフォームや修繕の時期を迎えることが多いです。**

**❸超高齢化社会に突入している現在、どのような施設・サービスを選択するかなど、介護に対する準備も重要になってきました。**

**❹子ども世代に、葬儀費用やお墓の準備など、亡くなった後の費用を負担してもらうのは難しいことが多く、ご自身での準備が必要です。**

以上の老後に必要となる4大出費について、「見やすく・わかりやすい」をコンセプトに、制度の概要、準備方法、実際の対処方法、ちょっとしたコツまで、実践的な内容を盛り込んだ1冊が本書です。

正しい準備を行い、実際に出費が必要となったときに慌てることがないように本書を活用していただければ幸いです。

みんなが知りたかった!
# 老後のお金 目次

## 第1章 相続・遺言

## 第4章　葬式・お墓

# 第1章

# 相続 遺言

2015年1月1日、相続税法の改正が適用され、結果として課税対象者が増えることとなりました。より身近になった「相続」や「遺言」について、正しい知識をもつことが必要です。

# トピックス❶
# 2015年1月、相続税の大増税が始まった！

都心に持ち家がある人の4人に1人が課税対象に!!

【相続税法のおもな改正の内容】

| 区　分 | 遺産に係る基礎控除 | 税　率 |
|---|---|---|
| 平成15年度改正 | 定額控除<br>5,000万円<br>法定相続人数比例控除<br>1,000万円<br>×<br>法定相続人の数 | 1,000万円以下　10%<br>3,000万円以下　15%<br>5,000万円以下　20%<br>1億円以下　30%<br>3億円以下　40%<br>3億円超　50%<br>6段階 |
| 平成25年度改正<br>（平成27年1月以降適用） | 定額控除<br>3,000万円<br>法定相続人数比例控除<br>600万円<br>×<br>法定相続人の数 | 1,000万円以下　10%<br>3,000万円以下　15%<br>5,000万円以下　20%<br>1億円以下　30%<br>2億円以下　40%<br>3億円以下　45%<br>6億円以下　50%<br>6億円超　55%<br>8段階 |

## もはや子や孫に財産を残せない時代に突入！

2015年1月から相続税が増税になったとは聞いていても、今ひとつ理解できていない人も多いのではないのでしょうか。

新しい相続税法を知らないでいると、いざ相続に直面したとき、納税額を知って愕然とするかもしれません。納税額が高額になりやすいのが相続税です。ぜひ、今のうちに相続税のしくみを知っておくべきです。

今まで相続税は、「お金持ちの税金」というイメージが強くて、財産のない自分には無関係と考える人が多かったと思います。そう考えるのも無理もないのですが、実際に2015年以前は、相続税を払う人は、全体の4・1%しかいませんでした。まさしく資産のあるお金持ちだけが対象

今までの課税対象者は、全体の4.1%で資産を多く持っている人に限られた

改正後の課税対象者は全体の6%まで増えるといわれ、都内に一戸建てを所有する世帯の4分の1の世帯が課税対象となる試算もあります



だったのです。

しかし、今回の改正で、控除する金額を下げたので、今までは無関係だったのが、今後は相続税の対象に入ってしまう人が大量に出てくるのです。

まずは、相続税のしくみから話しましょう。改正前は相続財産から、「基礎控除」と呼ばれる金額（定額控除〔5000万円〕+比例控除〔1000万円×相続人の数〕）を差し引いた額が、プラスになっていたら、相続税の対象となっていました。

今回の改正で、基礎控除が次のようになりました。

**①「定額控除」の5000万円が3000万円に減額**

**②「比例控除」の1000万円が600万円に減額**

相続財産から控除する金額がかなり少なくなった分、課税対象となる相続財産が一気に増えたのです。要するに、相続税が発生するラインが、一気に引き下げられたわけです。このことから、特に影響を受けると予想されているのは、土地の評価額が高い東京23区など大都市圏に不動産を所有する人たちです。資産が自宅と老後の資金だけという人にも相続税が発生する可能性が出てきたのです。

では、どのぐらいの人が相続税の対象となるのでしょうか。ある試算では、東京23区に住む人は、14%以上が相続税の対象になり、都内に一戸建てを所有する世帯の約4分の1が、課税対象ともいわれます。

いざ相続税の課税対象となったときの税率ですが、各法定相続人の取得金額が1000万円以下なら10%、3000万円以下が15%、5000万円以下が20%、1億円以下は30%、2億円以下は40%と増えていき、最大で55%まで税率が上がっていきます。

なぜ今、増税なのかというと、これまでの基礎控除がバブル期の地価に対応したものだったので、土地の値段が下がった現状に合わせたという説明がされています。また、少子高齢化が進み、高齢者を支える財源が必要になったという背景もあります。理由はなんにせよ、もはや子孫に美田を残せない時代がやってきたのです。

相続の基本ルールと手引き

# 改正により課税対象が広がる、早めの対策がカギに！

## 相続対策は生きているうちに

相続税は、節税効果が比較的高いと言われていますが、自己流の節税対策は、あとで税務署から指摘されてしまうおそれもありますので、注意してください。

## 相続がはじまったら相続財産を調べよう

万一親が亡くなったら、相続が発生します。その時点で、被相続人（親）の財産は、相続人の共有財産となります。その後、土地と建物は配偶者と長男に、銀行預金は長女に、というように、誰が何を相続するのかを取り決めるのが遺産分割協議です。取り決めた内容で遺産分割協議書という書面を作成すれば、相続は一段落です。遺産分割協議書がなければ、不動産の単独名義の変更等はできません。また、銀行は、本人が死亡したとわかったら、たとえ子どもでも預金の引き出しに応じません。遺産分割協議書が必要です。

遺産分割をするには、被相続人にどんな財産があるのかをしらみつぶしに調べる必要があります。たんすの引き出しに古い通帳があったり、物置に骨董品があったりと、親の財産は、子どもでも知らないことが多いのです。

## 借金も相続対象　相続放棄は3カ月以内に

注意しないといけないのは、もし相続税が発生する場合、相続税の申告は、10カ月以内に行わなければならないということです。遺産分割でもめてしまい、相続税の申告が10カ月以内にできなければ、場合によっては、数々の税法上の特典が使えなくなり、余計な税金を納めなければならない事態にもなります。

また、借金も相続財産であることを忘れてはいけません。家や土地などの財産を相続したら、借金も相続することになります。

家や土地などの正の財産より借金のような負の財産が多いときは、相続放棄の手続きをすれば、借金を相続しなくてもすみます。ただし、正の財産も手放すことになります。相続放棄は、家庭裁判所への申立てが必要で、相続の開始を知った時から3カ月以内にする必要があります。

正の財産と負の財産でどちらが多いのかわからないようなとき、正の財産の範囲内で負の財産を引き受ける限定承認もあります。これも家庭裁判所に3カ月以内に相続人全員で申立てをする必要があります。

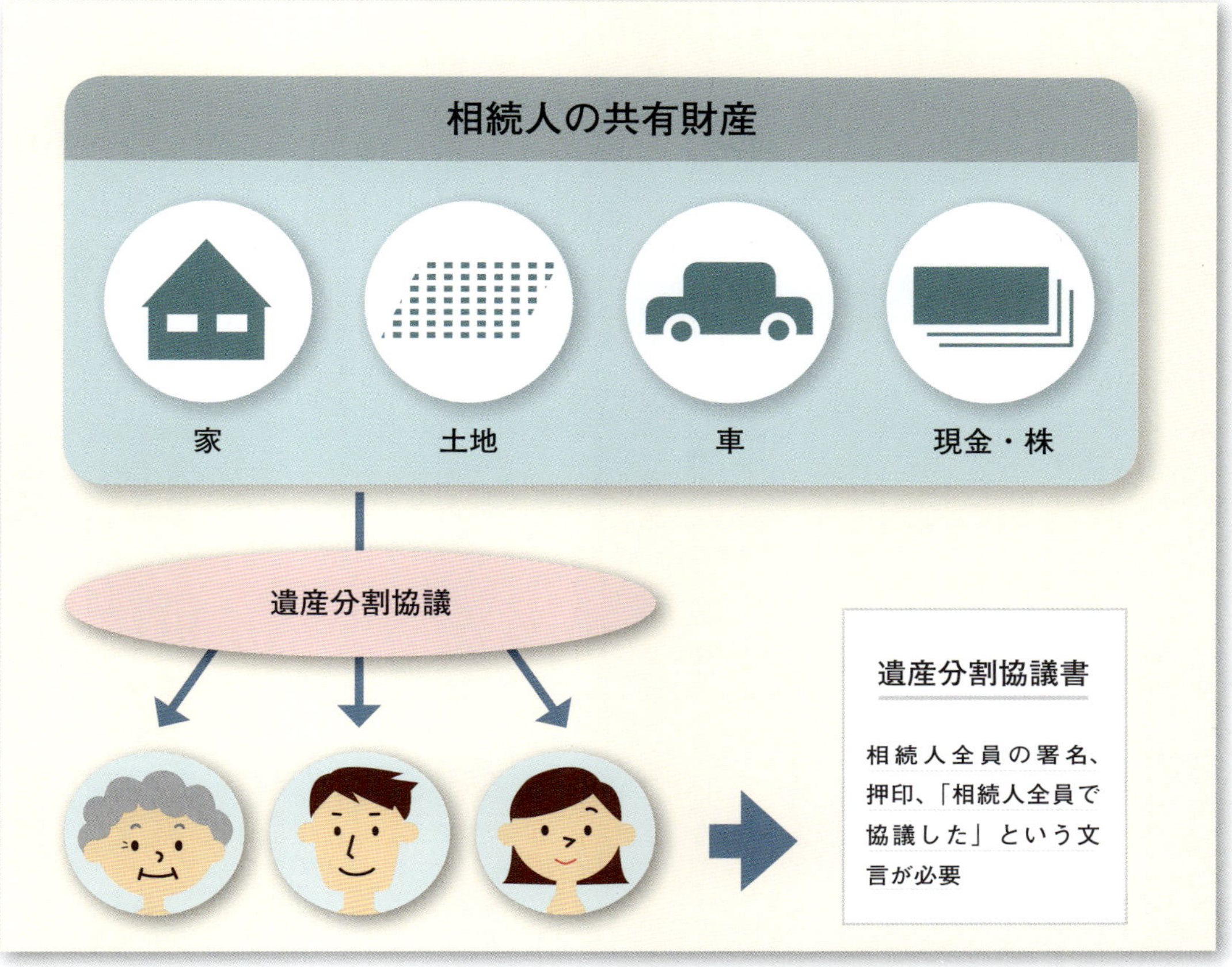


**ポイント！**

- 相続には、家や土地などの財産のほかに、借金などの負の財産も含まれる
- 自己流の対策は要注意！税務署に指摘されることも

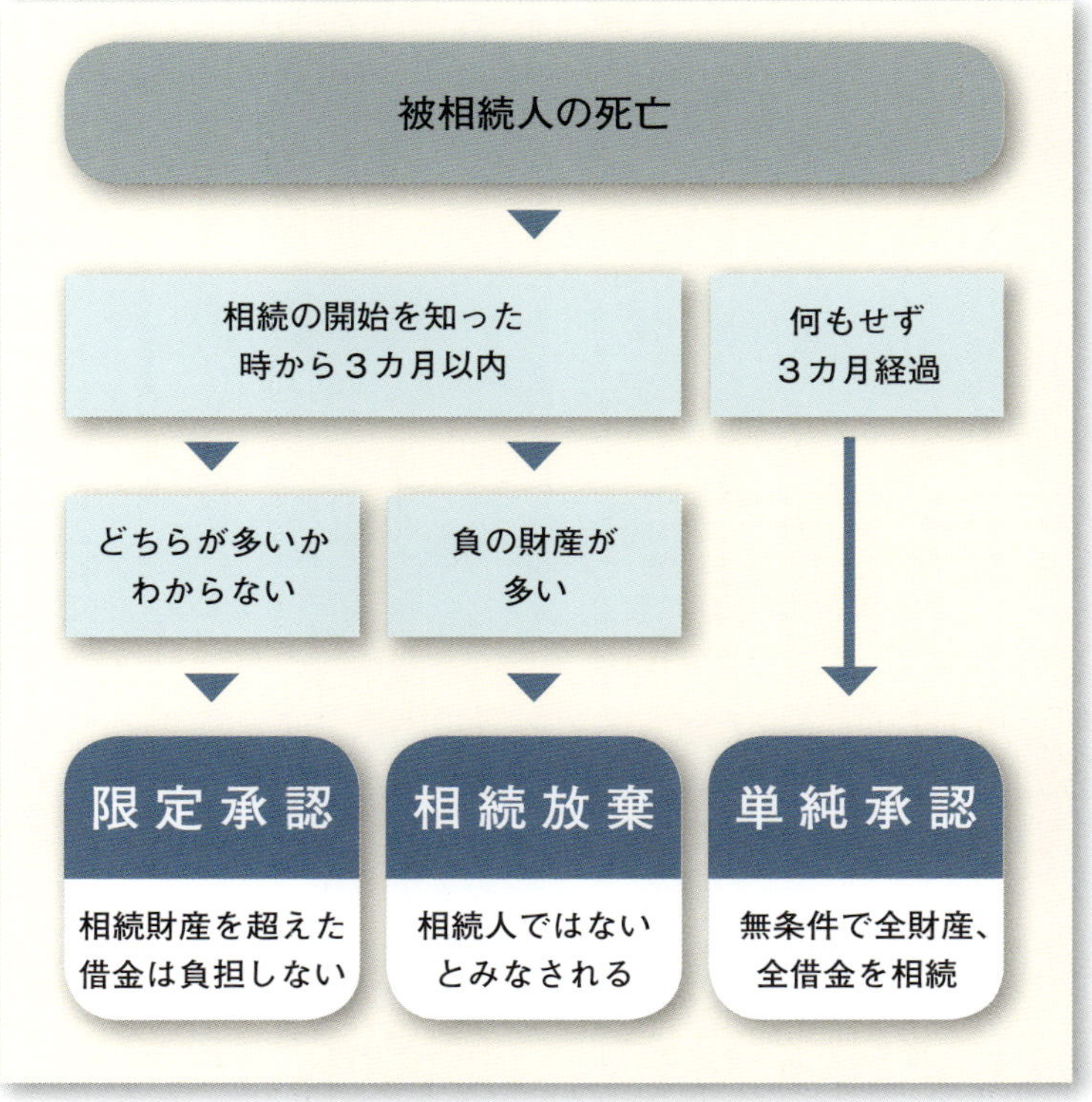

相続の基本ルールと手引き

# 誰が相続人なのか、正確に知っておこう

## 法定相続人とは

民法では、相続開始の時に生存する一定の者が相続人になると定められています。これを法定相続人と呼びます。

被相続人（亡くなった人）から見て、配偶者、子ども、両親や祖父母、兄弟姉妹が、法定相続人にあたり、場合によっては孫、甥・姪もその範囲に入ることがあります。

## 相続する順番は、法律で定められている

法定相続人になる人は、第1順位、第2順位、第3順位の3段階で順位が定まっています。

**第1順位……被相続人の子ども**
**第2順位……被相続人の直系尊属**
**第3順位……被相続人の兄弟姉妹**

また、被相続人の配偶者は、順位に関係なく常に相続人となります。

まず、第1順位に該当する人がいるかどうか見ます。被相続人に子どもがいたら、配偶者と子どもが法定相続人です。配偶者が死亡しているときは、子どもだけが法定相続人です。第2順位、第3順位の人は法定相続人にはなれません。

ここでいう子どもは、実子に限らず養子も含みます。また、摘出子か非摘出子かも関係ありません。子どもが死亡していて、その子ども（被相続人から見たら孫）がいるときは、孫が相続人となります。これを代襲相続といいます。

第1順位に該当者がいないときは、第2順位を見ます。被相続人の直系尊属、つまり、父母が生きていたら父母が法定相続人です。

父母が亡くなっていて祖父母が生きていたら、祖父母が法定相続人です。もちろん、配偶者も相続人です。配偶者が死亡、もしくはいなければ直系尊属だけが法定相続人です。第3順位の人は法定相続人にはなれません。

第2順位にも該当者がいないときは、第3順位を見ます。被相続人の兄弟姉妹が法定相続人になります。やはり配偶者がいれば配偶者も法定相続人となりますが、死亡しているか、もしくはいなければ、兄弟姉妹だけが法定相続人になります。

もうお気づきかもしれませんが、子どものいない夫婦の場合、どちらかが亡くなると、相続人は残された妻や夫だけでなく、亡くなった人の両親や兄弟姉妹も含まれるということです。配偶者の両親はともかく、配偶者の兄弟姉妹とは疎遠になることも多いわけですが、いくら疎遠でも財産を分け合う関係にあるということです。

## 【法定相続人の順位】

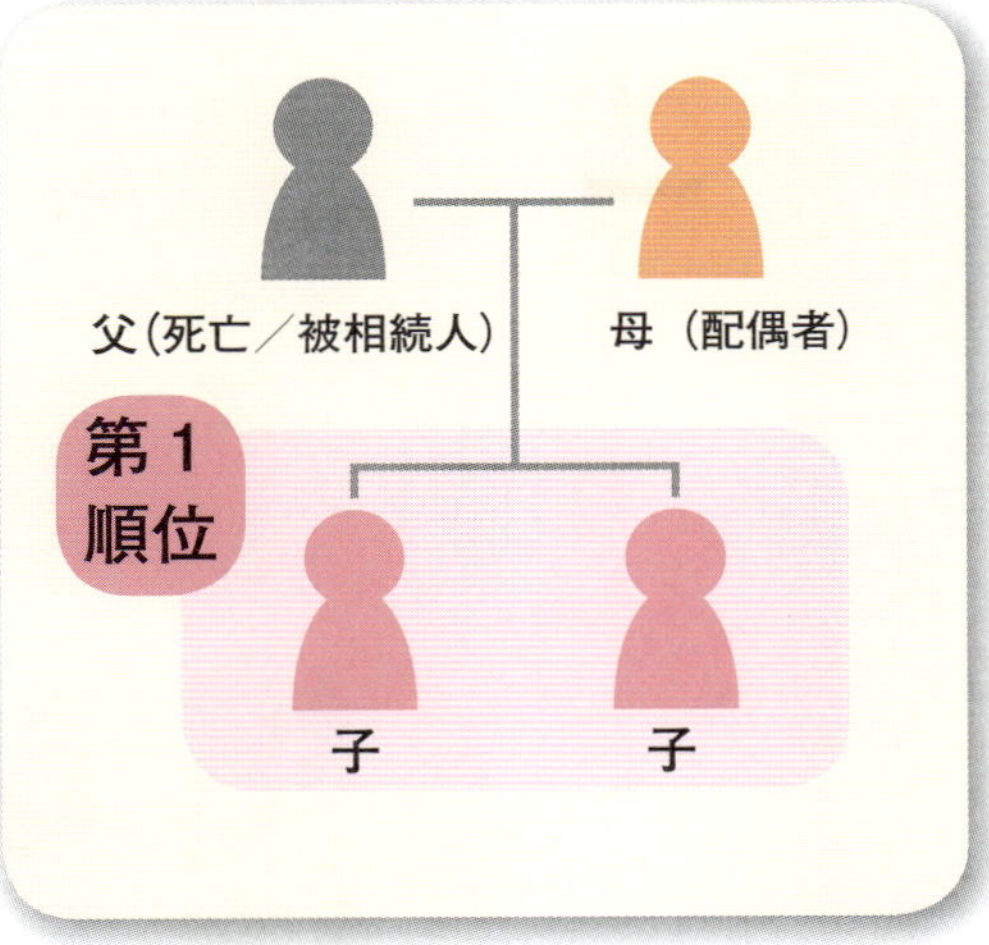


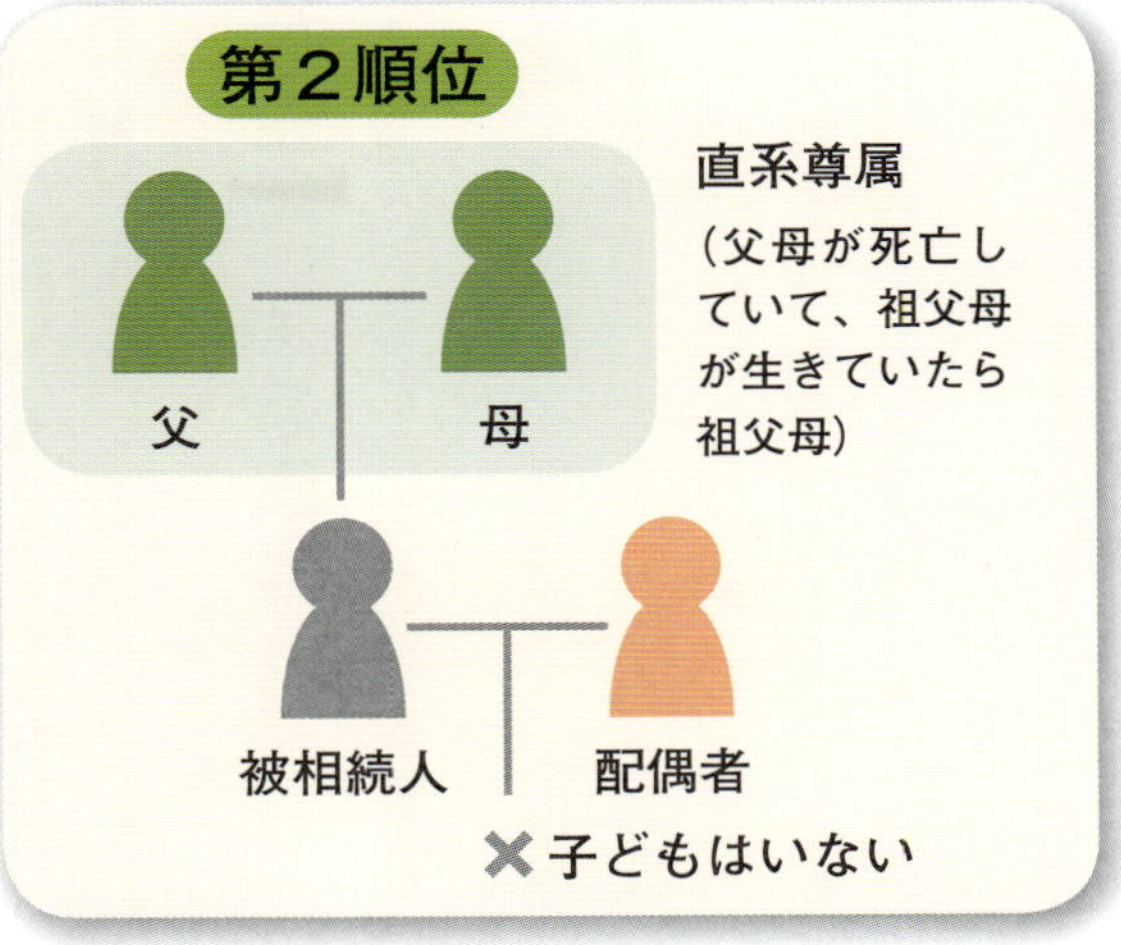


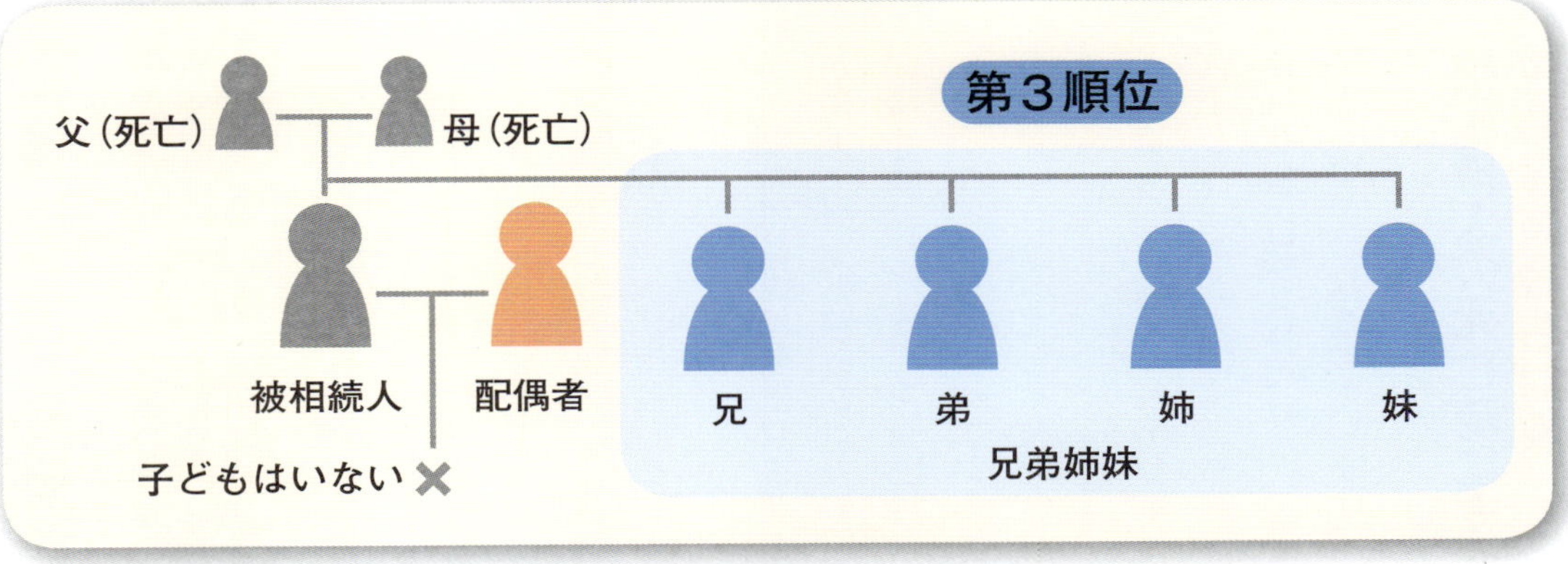


**ポイント!**

- 亡くなった人の財産は、法定相続人が相続する
- 法定相続人の順位は、法律で定められている

## 【配偶者は常に法定相続人】

| | |
|---|---|
| 第１順位 | ・子ども<br>・子どもは実子に限らず養子も含む（嫡出子、非嫡出子を問わない）<br>・子が死亡していれば孫（代襲相続） |
| 第２順位 | 〔第１順位に該当者がいないとき〕<br>・被相続人の父母<br>・父母が死亡していて、祖父母が生きていれば祖父母 |
| 第３順位 | 〔第１順位、第２順位に該当者がいないとき〕<br>・被相続人の兄弟姉妹<br>・被相続人の甥・姪（代襲相続） |

相続税法改正のすべて

# 改正により基礎控除が減額、相続税の課税対象が増える

## 相続税の対象額

**相続税は、亡くなった人の財産すべてに課税されるわけではなく、決められた計算式を基に算出していきます。基礎控除を行い、さらに定められた税率で納税します。**

## 地価が高い不動産を所有していると申告の可能性が

今までの相続税の基礎控除額は、定額控除5000万円に1000万円×法定相続人数の比例控除が加算され、たとえば、相続人が1人の場合、6000万円までは課税対象額から除外されていました。それが今回改正されて、平成27年1月1日以降の基礎控除額は定額控除3000万円に600万円×法定相続人数の比例控除が加算され、法定相続人が1人の場合は3600万円の控除額となり、改正前より、2400万円も基礎控除額が減ることになりました。

相続財産から基礎控除額を差し引いた金額がプラスになれば相続税が発生し、マイナスなら相続税は発生しません。ハードルが確実に引き下げられたので、課税対象者が増えるはずです。東京23区など地価が高い場所に不動産を持っていると、今回の増税の網にかかってしまう可能性が高いのです。

同時に、相続税の税率も一部引き上げられました。たとえば法定相続人の取得金額が「2億円超3億円以下」では40％から45％へアップになっています。

## 被相続人の死亡時に支払われる生命保険金も対象

ここで相続財産とは何かを考えてみると、「みなし相続財産」「3年以内に贈与を受けた財産」も含まれることに注意が必要です。「みなし相続財産」とは、被相続人の死亡によって支払われる退職金や生命保険のことです。相続税の計算では、これも相続財産としてカウントされます。「3年以内に贈与を受けた財産」とは、文字どおり、3年以内に法定相続人が被相続人から贈与を受けた財産のことです。これも相続税の計算では相続財産に含めます。こうしてみると、自分が思っていた以上に相続財産があることに気がつくと思います。

相続財産となった土地や建物などの評価の仕方ですが、市街地にある宅地の場合は、路線価方式がよく使われます。宅地が面している道路に、1㎡あたりの評価額が定められており、その評価額に面積を掛けて評価額を出します。建物は固定資産税評価額が相続税評価額になります。

## 【遺産にかかわる基礎控除の改正】

| 平成 26 年 12 月 31 日までの相続 | → | 平成 27 年 1 月 1 日以後の相続 |
|---|---|---|
| 5,000 万円<br>＋<br>1,000 万円×法定相続人の数 | → | 3,000 万円<br>＋<br>600 万円×法定相続人の数 |

## 相続税の税率構造

| 各法定相続人の取得金額 | 平成 26 年 12 月 31 日以前 | 平成 27 年 1 月 1 日以後 |
|---|---|---|
| ～1,000 万円以下 | 10% | 10% |
| 1,000 万円超～3,000 万円以下 | 15% | 15% |
| 3,000 万円超～5,000 万円以下 | 20% | 20% |
| 5,000 万円超～1 億円以下 | 30% | 30% |
| 1 億円超～2 億円以下 | 40% | 40% |
| 2 億円超～3 億円以下 | | 45% |
| 3 億円超～6 億円以下 | 50% | 50% |
| 6 億円超～ | | 55% |

**ポイント！**

- 基礎控除よりプラスなら相続税が発生する
- 死亡後に発生する生命保険なども、財産に計上されるので、要注意

## 相続税の速算表

| 区分 | 税率 | 控除額 |
|---|---|---|
| 1,000 万円以下 | 10% | ― |
| 3,000 万円以下 | 15% | 50 万円 |
| 5,000 万円以下 | 20% | 200 万円 |
| 1 億円以下 | 30% | 700 万円 |
| 2 億円以下 | 40% | 1,700 万円 |
| 3 億円以下 | 45% | 2,700 万円 |
| 6 億円以下 | 50% | 4,200 万円 |
| 6 億円超 | 55% | 7,200 万円 |

# どの相続人が、どれくらい相続する？

## 故人が遺した財産はどうなる？

相続税は、故人の財産を、相続や遺言によって取得したときに納める税金です。頻繁に納税するものではありませんが、納める金額はかなりの額になることが多く、納税のために借金をしたり、土地を売ったりするケースもみられます。人生において重く受けとめるべきものかもしれません。

## 相続税を計算する方法

相続が発生した場合、故人が残した「遺産」に、「非課税財産」や「債務」が含まれていたり、また相続人が支払った「葬式費用」が生じたりするケースがあります。相続税を計算する場合には、まず、「遺産の総額」から、「非課税財産」「債務」「葬式費用」を引いていきます。すると、「正味の遺産額」が算出されます。その「正味の遺産額」から「基礎控除（３０００万円＋６００万円×法定相続人の数）」を引いて、「課税遺産総額」を計算します（**図1**）。この「課税遺産総額」がプラスなら相続税が発生し、マイナスなら相続税がないのは、前述したとおりです。

## 相続の割合は法で定められている

民法では「このように財産を分けるのが一番よい」と定めた分け方があります。この定めた取り分のことを「法定相続分」といいます。相続税を計算する上で、この「法定相続分」を知っておく必要があります。誰にどのように分けるかを具体的に示した遺産分割協議書がない場合、法律上は**図2**のような割合で遺産を分けることになります。原則は法定相続分で遺産の分割をしますが、話し合いで決める場合もあります。

## 「法定相続分」によって相続税は計算される

相続税が発生したら、相続税の申告をしなければなりません。遺族が話し合って、「遺産分割協議」を行い、「法定相続分」と違う分け方をする場合もあります。しかし、相続税の申告のときは、「法定相続分」によって「課税遺産総額」を分けたものと考えて、それぞれの相続税を計算します。

親、子、配偶者以外の人が財産を相続したときの相続税額は、親、子、配偶者よりも2割増しの税額になります。つまり、被相続人の兄弟姉妹や孫は、相続税が2割増しになるのです。なお、孫が、代襲相続で相続したときは2割増しにはなりません。

【図１：相続税の計算方式】

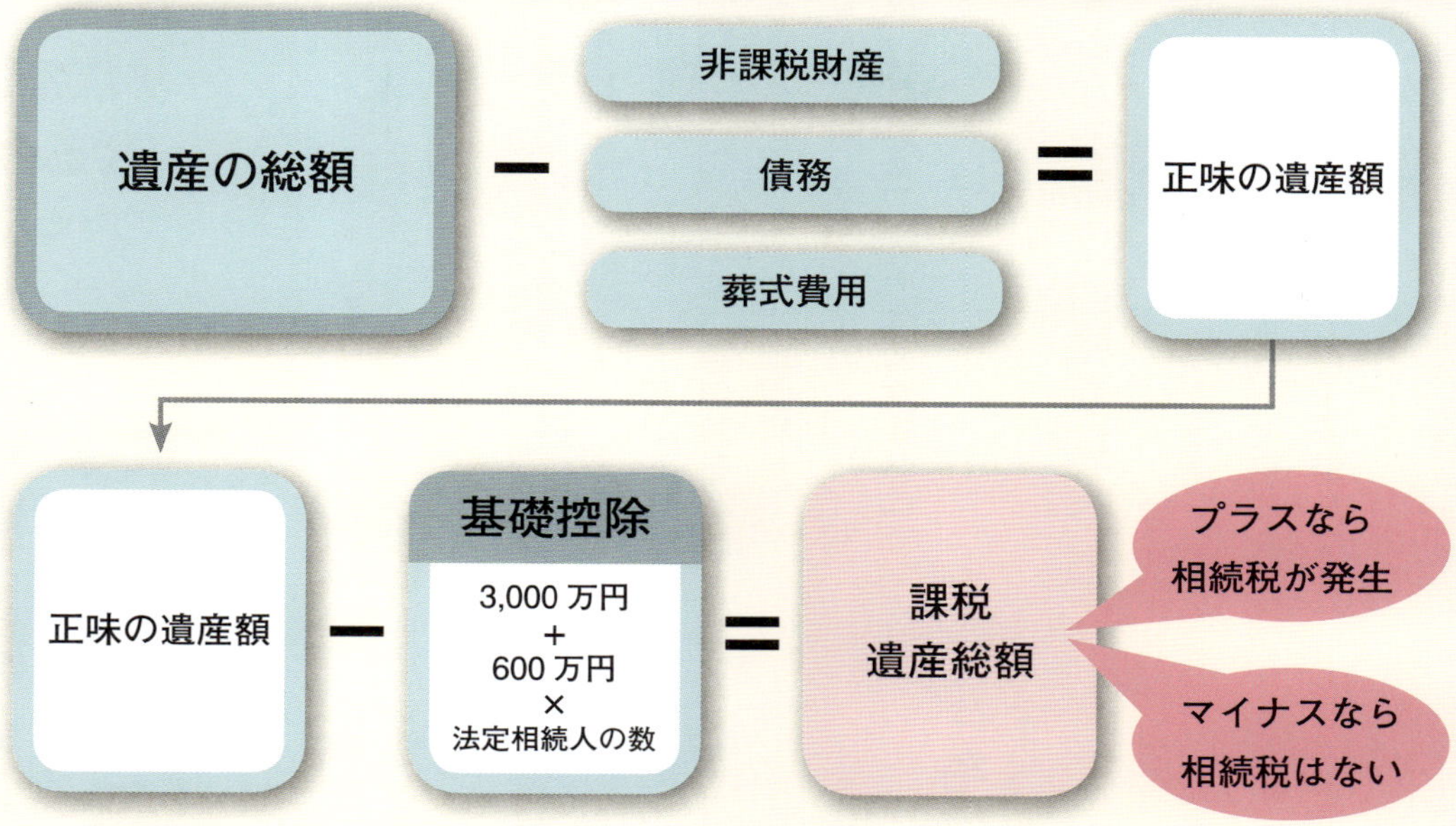


＊「非課税財産」……お墓・仏壇・祭具などの費用
生命保険のうち次の額まで（500 万円×法定相続人の数）
死亡退職金のうち次の額まで（500 万円×法定相続人の数）
＊「債務」……………いわゆる借金

**ポイント！**

- 法定相続分を知っておく
- 被相続人の兄弟姉妹や孫は、相続税が２割増し

【図２：相続人の取り分（法定相続分）】

| | | |
|---|---|---|
| 第1順位 | 子（孫） 1／2 | 配偶者 1／2 |
| 第2順位 | 父母（祖父母） 1／3 | 配偶者 2／3 |
| 第3順位 | 兄弟姉妹（甥・姪） 1／4 | 配偶者 3／4 |

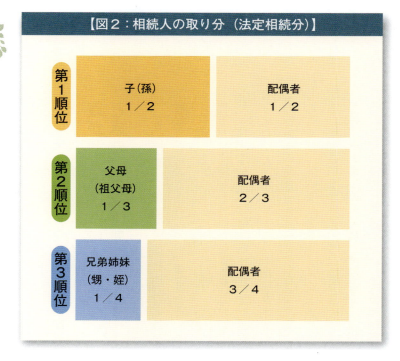

相続税法
改正の
すべて

# 同居や二世帯住宅は節税に！「小規模宅地等の特例」の改正

## 今回の改正で有利となる小規模宅地等の特例

「小規模宅地等の特例」とは、被相続人と生計を同じにしていた親族が住んでいた宅地については、評価額を減額しようという制度です。評価額が下がれば、相続財産が少なくなるので、相続税の対象となる可能性も減るわけです。

## 対象となる限度面積が拡大

「小規模宅地等の特例」とは、たとえば、被相続人と同居していた親族が被相続人が死亡したあとも引き続き居住する場合などの宅地（特定居住用宅地等）では、本来の資産評価額から80％も評価が下がります。評価が下がることで、相続税の対象となる相続財産も少なくなります。

その宅地の対象となる限度面積は、「240㎡以下」というものでしたが、これが今回の改正で、「330㎡以下」になりました。限度面積を広げたということから納税者に有利な改正となります。

今まで住んでいた家や土地を遺族が相続のため手放すことは、なるべく避けようという意図があるようです。

## 住宅内部の行き来に関係なく、すべての二世帯住宅に適用

もう1つが、二世帯住宅に関する改正です。二世帯住宅は、住宅内部で行き来ができるかどうかでこの特例の適用のあり、なし、が分かれていました。住宅内部で行き来ができないと「親と子が同居していない」という判断がなされていました。

しかし平成26年の改正で、住宅内部で行き来ができる、できないに関係なく、親子が同居している状態とみなして、「小規模宅地等の特例」を適用することとなりました。

## 親が老人ホームに入居するときも、適用の対象となる

また従来は、親が住居としていた宅地を離れて、老人ホームに入居した場合は、この特例の適用がありませんでした。今回の改正で、住居としていた宅地を離れて、老人ホームに入居した場合でも、介護が必要なために入居したときは、「小規模宅地等の特例」を適用できることとなりました。たとえば、特別養護老人ホームに入居する場合が、このケースに当てはまります。ただし、老人ホームに入居して空家になった居宅を、賃貸として貸し出した場合は、適用できません。

**【「小規模宅地等の特例」の改正について（たとえば330㎡の土地を所有している場合）】**

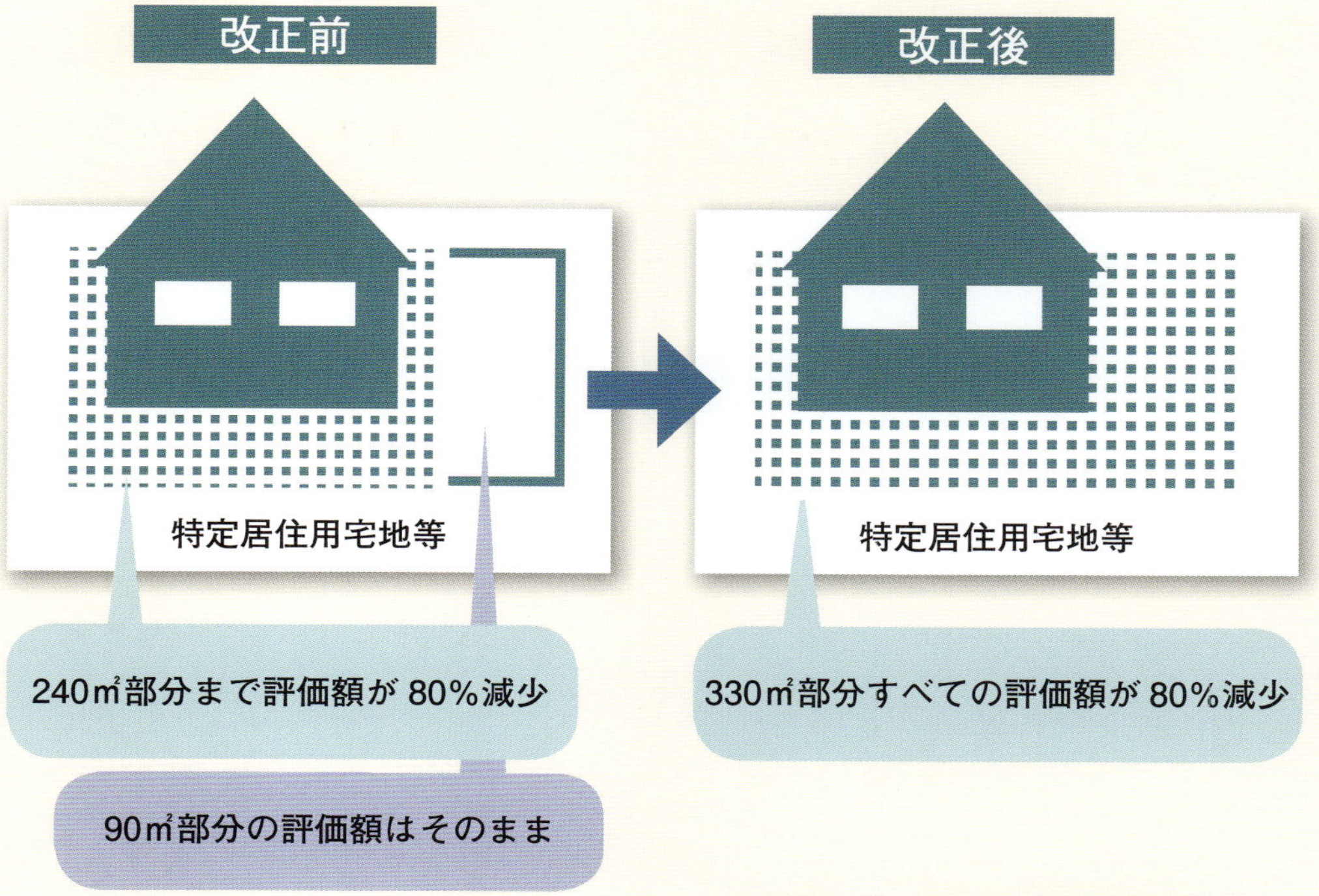


＊平成27年1月1日以降の相続から適用

**ポイント!**

- 活用できれば大きな節税となる
- 同居する子どもだけにメリットがあり、トラブルを生むことも

**【二世帯住宅に関する改正】**

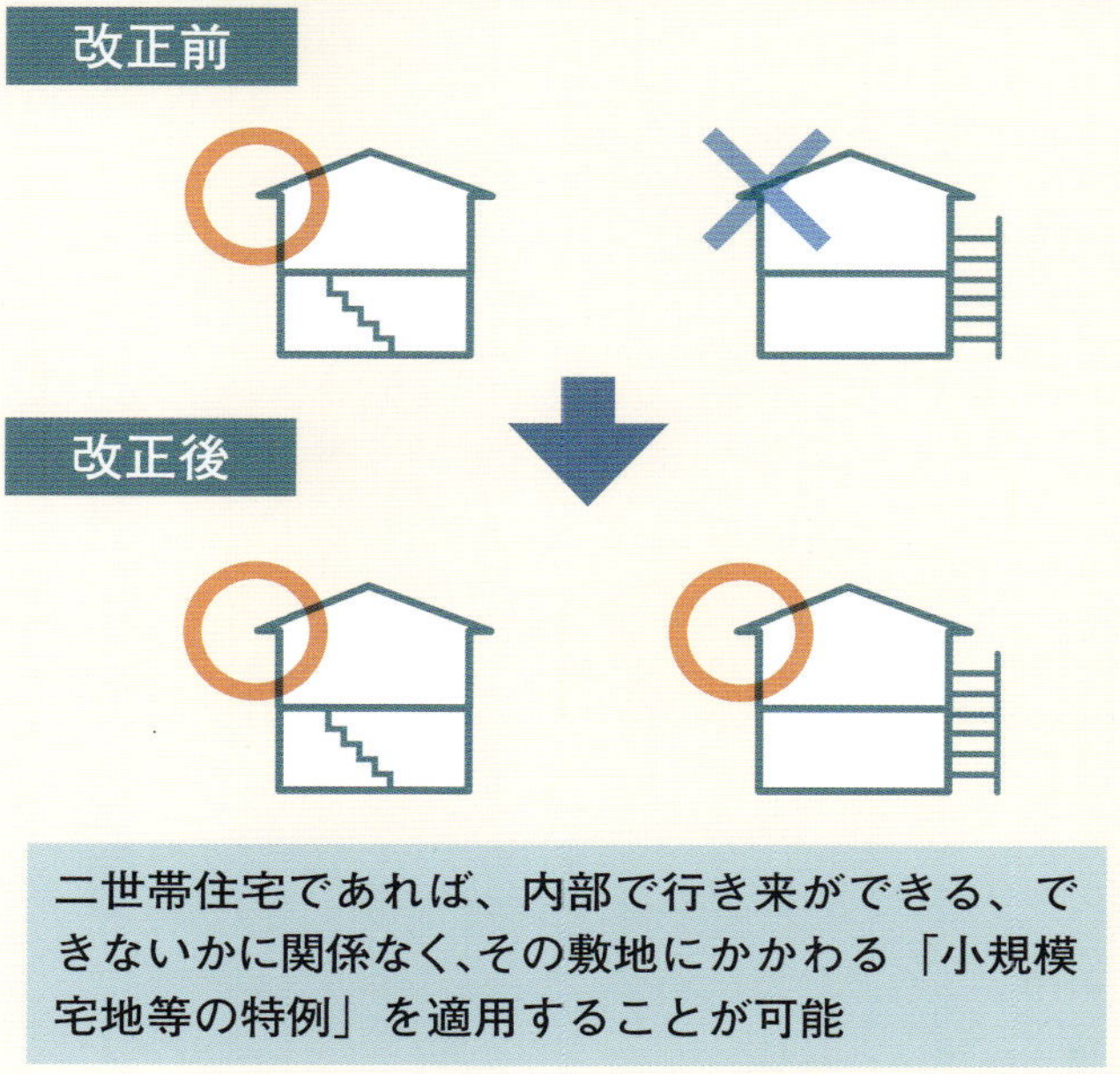


二世帯住宅であれば、内部で行き来ができる、できないかに関係なく、その敷地にかかわる「小規模宅地等の特例」を適用することが可能

＊平成26年1月1日以降の相続から適用

相続税法と贈与税の関係

# 相続時精算課税制度は慎重に！必ずしも得をするとは限らない

## まとまった額を非課税で贈与できる

今回の相続税法の改正では、「相続時精算課税制度」の改正も含まれています。これは贈与税の選択可能な制度のひとつで、贈与税の「暦年課税制度」とどちらがいいか参考にしてください。

## 通常の贈与税と違った選択肢

生前贈与では、年間１１０万円まで非課税となる「暦年課税制度」のほかに、「相続時精算課税制度」を選択することができます。

「相続時精算課税制度」とは、まず贈与時に贈与財産に対する贈与税を納めます。その後、その贈与者が死亡したとき、贈与財産の贈与時の価額と相続財産の価額とを合計した金額をもとに計算した相続税額から、すでに納付した贈与税相当額を控除することにより、贈与税・相続税を通じた納税を行う制度です。

税率が高い贈与税と、それよりは税率が低い相続税との間の税率の差を利用して節税を図るもので、贈与税額が相続税額を超えるときは、還付を受けられます。この制度のメリットは、贈与額が２５００万円までは控除され、超えた部分も一律20%を掛けた金額が贈与税となり、低い税率となる点です。

しかし、それは贈与税だけのことで、相続税を申告するときは、その生前贈与された額を加算して、課税遺産総額を計算し、すでに納めた贈与税を差し引き、バランスをとります。一方、「暦年課税制度」で生前贈与を受けると、相続が発生する3年前のものまでは、課税遺産総額に加算されますが、それ以前の生前贈与については、加算はされません。

## 制度を利用できる対象者と年齢の範囲が拡大

今回の改正により、この制度を利用できる対象者が拡大されました。今までは贈与者の年齢が65歳以上だったのが60歳以上となり、また受贈者も20歳以上の子のみだったのが20歳以上の子・孫に変更されました。

「相続時精算課税制度」を利用するには、事前に税務署への届出が必要ですが、一度選択をしてしまうと、あとでやめることはできません。この制度は将来発生するであろう相続とあわせて税額を計算するもので、誰もが得をする制度ではないのです。導入を考えている人は税理士などにご相談ください。

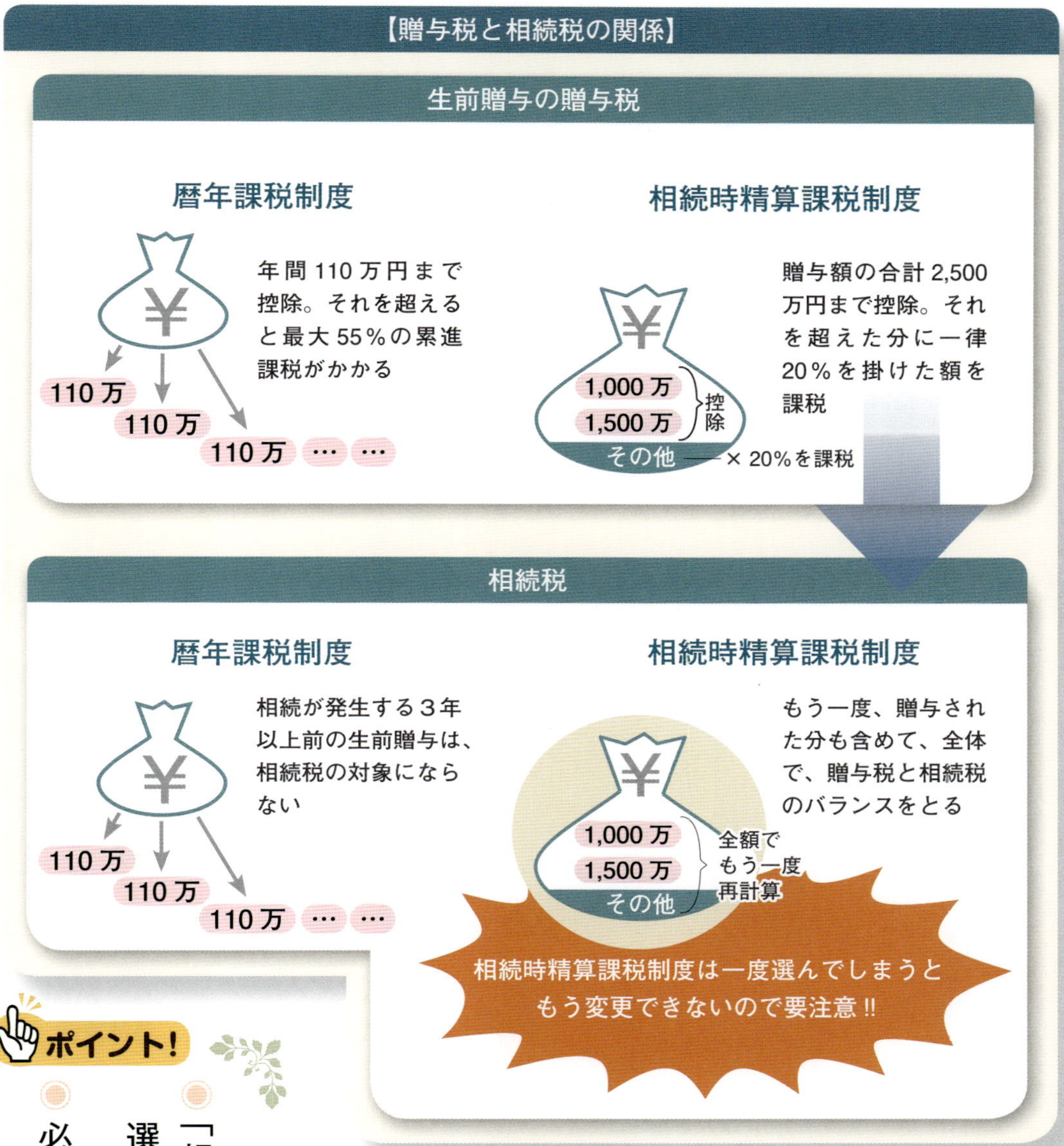


【贈与税と相続税の関係】
生前贈与の贈与税
暦年課税制度
年間110万円まで控除。それを超えると最大55％の累進課税がかかる
110万
110万
110万 … …

もう一度、贈与された分も含めて、全体で、贈与税と相続税のバランスをとる
1,000万
1,500万
その他
全額でもう一度再計算
相続時精算課税制度は一度選んでしまうともう変更できないので要注意!!

**ポイント！**

- 「相続時精算課税制度」は一度選択するとやめられない
- 必ずしも得をする制度ではない

### 相続時精算課税制度の利用対象者の拡大

| | | |
|---|---|---|
| 贈与者<br>65歳以上<br>受贈者<br>20歳以上の子 | → | 贈与者<br>60歳以上<br>受贈者<br>20歳以上の子・孫 |

贈与額の合計2,500万円まで控除。それを超えた分に一律20％を掛けた額を課税
1,000万
1,500万
控除
その他
× 20％を課税
相続税
暦年課税制度
相続が発生する３年以上前の生前贈与は、相続税の対象にならない
110万
110万
110万 … …

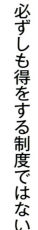

贈与の
基本ルール
と改正

# 生前贈与の選択肢が多様化！
# 有効活用すれば節税効果が高い

## 子や孫に贈与すると節税の可能性がある

暦年の贈与についても、直系尊属から贈与を受けた場合には、様々な特例が設けられています。

・特例税率の計算
・住宅取得等資金
・教育資金
・結婚・出産・子育て資金

また「教育資金の一括贈与」が今後も継続されることになりました。

## 通常の贈与税は毎年１１０万円が非課税

贈与税の暦年課税は、その年の1月1日から12月31日までの1年間に贈与された財産の価額を合計し、合計額から基礎控除額１１０万円を差し引いた額に贈与税がかかります。これは逆に考えると、年間１１０万円以内の贈与なら、税金はかからないということです。毎年の贈与額を１１０万円以内に抑えておけば、非課税で贈与ができるのです。この１１０万円の基礎控除は覚えておくと得をするかもしれません。

１１０万円を超えた場合でも、直系尊属（祖父母や父母）から子や孫（贈与を受けた年の1月1日時点で20歳以上）への贈与には、特例税率が適用されます。兄弟間の贈与、夫婦間の贈与、親から子への贈与で子が未成年者の場合などに適用される一般税率と比較すると、多少得をします。

## 適用が延長された特典制度

「教育資金の一括贈与」は、両親または祖父母から30歳未満の子や孫がそれぞれの名義の金融機関の口座等に、教育資金を一括して贈与を受けた場合には、１５００万円（学校関係の費用以外は５００万円）まで非課税になるというものです。教育資金は、入学金や授業料などのほか、子どもの習い事の費用や学習塾の費用なども含めることができます。

この制度は、平成25年4月1日から平成27年12月末までの予定でしたが、平成30年まで延長されることになりました。取扱金融機関が窓口となって、金融機関から申告書が税務署に提出されます。教育資金の使い道は、金融機関が領収書等で確認します。

子や孫の年齢が30歳に達したときに、その口座に残額があると、その残額に贈与税が課税されます。

住宅取得等資金に係る贈与税の非課税措置も延長されることが決まりました。これは、直系尊属から住宅取得等資金の贈与を受けた場合（平成27年）に、一般住宅

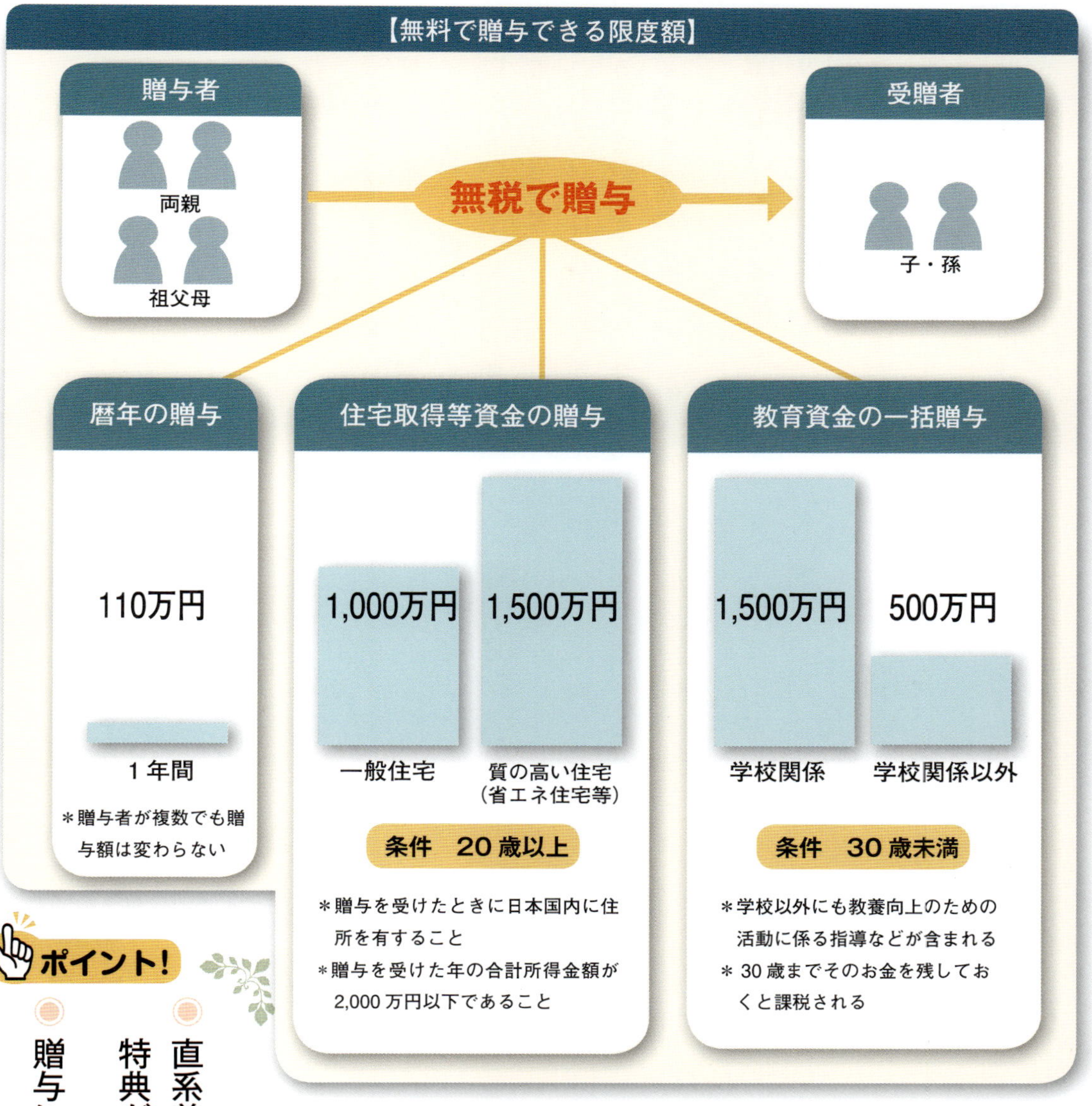


は１０００万円まで、質の高い住宅なら１５００万円まで贈与税が非課税となる特例です。延長の期間は、平成31年6月30日までです。

## 少子化対策で子育てにも特典

また、少子化対策の一環として、結婚・出産・子育て資金に関する一括贈与制度が平成27年4月1日から始まっています。これは、祖父母や父母といった直系尊属から子や孫に対する贈与が、1人１０００万円まで（結婚資金は３００万円まで）非課税となる制度です。こちらも金融機関に専用口座を作ったり、使い道がわかる領収書等が必要となります。

**ポイント!**

- 直系尊属からの贈与には特典がある
- 贈与にも少子高齢化対策が適用

相続対策は生前のうちにすませる

# 基本的な考え方は、「相続財産を減らす」こと

### 相続対策は生きている間に

課税対象になる相続財産を減らすには、財産を相続税の対象にならない形に変えておいたり、評価額が低い財産に変えておきます。

これらの対策は、被相続人が生きている間でないとできません。今やっておく必要があるのです。

## 財産をより多く子孫に残すためには

相続税を考えると、財産を現金や預金で持っていることが一番不利になります。あの世までお金を持っていくことはできません。財産を自分の名義で持ち続ければ、自分が死んだときには、当然遺族にまるまる相続税がのしかかってきます。子どもや孫に残せる財産があるならば、相続という形でなく、生前贈与しておくことが残された家族のためには賢明だと思います。

## 相続税もかかり、贈与税もかかる

しかし、贈与には贈与税が課税されます。「相続時精算課税制度」を選択しなければ、「暦年課税制度」が適用され、原則として年間１１０万円を超える贈与には、金額によって10％から55％の贈与税が課税されることが定められています（**図1**）。

これを一度に贈与せず、年間１１０万円の枠内で複数年で贈与した場合は、贈与税が発生しないことになります。「あげる側」も「もらう側」も最も負担が少ないのは、１１０万円の非課税の枠内で贈与することです。

しかし、被相続人から、その死亡前３年以内の贈与は、「生前贈与加算」として、贈与を受けた人の相続税の課税価額に加算されますので、注意してください。

## 税務署から、贈与を分割したとみなされる場合も

ただし、この複数年に分けて贈与するという点には注意が必要です。たとえば、１１００万円の預金を、1年に１１０万円ずつ10年で贈与したとします。年間１１０万円の範囲に納まっているから、贈与税は課されないと思うのですが、税務署からは、「１１００万円の贈与を10回に分割した」と判断されて、１１００万円分の贈与税が課税される可能性があるのです。では、どうすればよいのでしょうか？　賢い贈与の方法を次の項目から解説します。

## 【図 1：贈与税率、控除額早見表（国税庁 HP より）】

【一般贈与財産用（一般税率）】

| 区分 | 200 万円以下 | 300 万円以下 | 400 万円以下 | 600 万円以下 | 1,000 万円以下 | 1,500 万円以下 | 3,000 万円以下 | 3,000 万円超 |
|---|---|---|---|---|---|---|---|---|
| 税率 | 10% | 15% | 20% | 30% | 40% | 45% | 50% | 55% |
| 控除額 | — | 10 万円 | 25 万円 | 65 万円 | 125 万円 | 175 万円 | 250 万円 | 400 万円 |

この速算表は、「特例贈与財産用」に該当しない場合の贈与税の計算に使用します。
たとえば、兄弟間の贈与、夫婦間の贈与、親から子への贈与で子が未成年者の場合などに使用します。

【特例贈与財産用（特例税率）】

| 区分 | 200 万円以下 | 400 万円以下 | 600 万円以下 | 1,000 万円以下 | 1,500 万円以下 | 3,000 万円以下 | 4,500 万円以下 | 4,500 万円超 |
|---|---|---|---|---|---|---|---|---|
| 税率 | 10% | 15% | 20% | 30% | 40% | 45% | 50% | 55% |
| 控除額 | — | 10 万円 | 30 万円 | 90 万円 | 190 万円 | 265 万円 | 415 万円 | 640 万円 |

この速算表は、直系尊属（祖父母や父母など）から、一定の年齢の者（子・孫など）* への贈与税の計算に使用します。

*「一定の年齢の者（子・孫など）」とは、贈与を受けた年の 1 月 1 日現在で 20 歳以上の直系卑属のことをいいます。たとえば、祖父から孫への贈与、父から子への贈与などに使用します。（血縁関係のない夫の父などからの贈与等には使用できません）

**ポイント！**

- 現金のまま財産を持っていると、不利になることもある
- 年間110万円を超える贈与には贈与税がかかる

【図２：贈与財産の渡し方（ひとりの子ども（20 歳以上）に 1,100 万円を贈与する場合）】

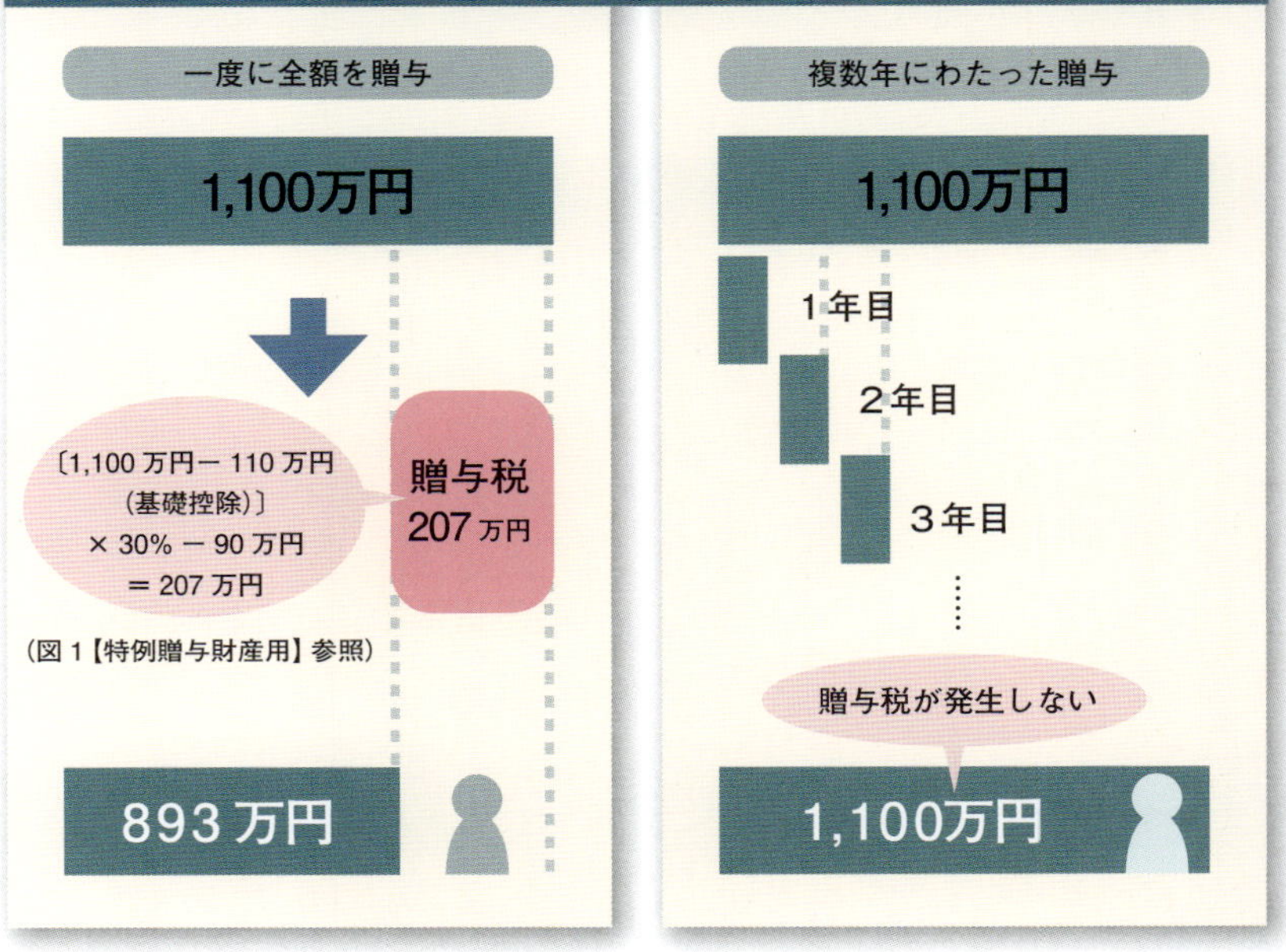

相続対策は生前のうちにすませる

# 手軽な「子どもへの贈与」の活用方法とは

## 賢い贈与の方法

**手軽にできる相続対策として、子どもへの贈与というものがありますが、計画的に行わないと、贈与された子どもが高い贈与税を払わされる可能性があります。前述の１１０万円の枠内での贈与は有効ですが、必ずやり取りの詳細がわかる証拠が必要です。**

## 必ず贈与契約書を作成する

贈与をする場合には、贈与契約書を作成しておくことが重要です。親子の間で契約書を作成するというと違和感をもつ人もいるでしょうが、これはきちんと作成しておく必要があります。

口約束だけで毎年１１０万円以内で現金を渡すことが一番手軽なのですが、それでは何も証拠が残らないので、「相続で残すはずの大きな金額を、何年かに分割しただけ」と、税務署から指摘される可能性が高くなります。

その贈与契約書ですが、贈与する意思があることを明記しておく必要があります。贈与の目的、贈与する対象もはっきりさせておきましょう。そして日付、受贈者・贈与者の住所・氏名、金額を明記し、贈与するごとに作成しましょう。

そのときに、毎年の贈与の金額を同額にしないことも重要です。贈与するたびに、金額や目的は決定されるべきことなのに、毎年贈与する金額がいつも同額では不自然だということです。「分割払いでは?」という疑念を払拭させるためにも注意したいポイントです。

正しい方法で行わないと、あとで税務署から指摘され、贈与税を払うはめにもなりかねません。

## 記録に残る形で、お金を贈与する

贈与するお金の渡し方ですが、現金で渡すのではなく、口座振込みの形をとるようにし、取引の記録がしっかり通帳に残るようにしておくことが重要です。「親子のお金のやり取りに、いちいち口座振込みなんて……」と面倒に思う人もいるかもしれませんが、きちんと記録として残しておかないといけません。「これで相続税が節約できるだろう」という自己流のやり方では、あとで税務署から指摘されることが多々あります。証拠として記録に残しておくことが重要になるのです。

また、相続税は一般の人にはわかりにくく複雑なところがありますので、確実な対策を講じるには、税理士などの専門家に相談するとよいでしょう。

## 【贈与契約書記入例】

### 贈与契約書

贈与者 **贈与一郎**（以下「甲」という）は、受贈者 **贈与花子**（以下「乙」という）と、下記条項により贈与契約を締結する。

記

第１条　甲は、現金○○万円を乙に贈与するものとし、乙はこれを承諾した。
この契約を締結する証として、この証書２通を作成し、甲乙双方及び乙の法定代理人が記入捺印のうえ、各１通を保有するものとする。

平成○年○月○日

（甲）　住所　○○県○○市○○１丁目１番
氏名　**贈与一郎**　印

（乙）　住所　○○県○○市○○２丁目２番
氏名　**贈与花子**　印

（乙の親権者）　住所　○○県○○市○○３丁目３番
氏名　**贈与清**　印

（乙の親権者）　住所　○○県○○市○○３丁目３番
氏名　**贈与美子**　印

- 贈与をする人の名前
- 贈与を受ける人の名前
- 贈与する金額
- 贈与契約書を締結した日
- 贈与する人の名前・住所・押印
- 贈与を受ける人の名前・住所・押印
- 親権者の名前・住所・押印

**ポイント！**

- 贈与の記録は、銀行通帳に残しておく
- 確実な対策を講じるには、税理士などの専門家に相談を

## 【留意事項】

- 贈与契約書では「贈与の事実」「贈与年月日」「受贈者の氏名・住所」「贈与者の氏名・住所」「贈与金額」が確認できる必要がある
- 毎年違った額が望ましいので、贈与のたびごとに契約書を作成し、その内訳を変えるようにする
- 受贈者が未成年の場合、親権者の同意が必要
- 親権者の同意を得る場合、原則として父母が共同で行うが、父母のどちらか一方にのみ同意をもらう場合は、その旨を親権者に表明および保証してもらう必要がある

相続対策は生前のうちにすませる

# 現金ゃ預金を、生命保険に変えておく

## 生命保険の活用

**相続対策として、生命保険の活用も有効なものとして挙げられます。現金や預金で財産を持つよりは、生命保険という形の財産に変えておくと、相続税を考える上で有利になる場合があります。これは、生命保険の死亡保険金の受取りに、相続人1人あたり500万円の非課税枠があるからです。**

## 生命保険金の非課税枠とは

生命保険の中に、受取人がもらう死亡保険金がありますが、この死亡保険金には、500万円まで非課税という「非課税限度額」があります。

たとえば、被相続人に配偶者がいなくて相続人は「子ども1人だけ」とします。このときに預金5000万円をそのまま子どもに相続させる場合と、預金3000万円と保険料2000万円（死亡保険金の受取人は子ども）に分けておく場合では、相続税に大きな差が出てきます（**図1**）。**図1**の①と②のケースを比べると、相続税で70万円の差が出ることがわかります。（あくまで仮の計算です。実際に納税する相続税は状況によって違ってきます）

## 「非課税限度額」は法定相続人の数だけ使える

**図1**は相続人が子ども1人だけという設定ですが、500万円の「非課税限度額」は、死亡保険金を受け取る法定相続人の数だけ使えます。子どもが3人だったら、500万円×3人＝1500万円までとなります。

②のケースで、法定相続人を3人とした場合が**図2**です。

したがって、相続税はかからないことになります。このように法定相続人が多いほど税金上は有利になります。なお、相続人以外の人が死亡保険金をもらった場合は、非課税の適用はありません。

さらに、法定相続人の中で相続の放棄をした人がいても、適用される人数は変わりません。また、法定相続人の中に養子がいた場合は、実子がいるときは1人、実子がいないときは2人までの養子が対象に含まれます。

なお、各相続人に課税される金額の計算式は上のとおりです。

［Ⓐ＝その相続人］
（Ⓐが受け取った生命保険金の金額）－非課税限度額）×Ⓐが受け取った生命保険金の金額÷すべての相続人が受け取った生命保険金の合計額
＝Ⓐが課税される生命保険金の金額

## 【図１：預金 5,000 万円を子ども１人が相続する場合】

① 預金 5,000 万円をそのまま相続する

正味の遺産額 5,000 万円 － 基礎控除（3,000 万円＋600 万円×１人）＝ 課税遺産総額 1,400 万円

課税遺産総額 1,400 万円 × 相続税率 15% － 区分別の控除額 50 万円 ＝ 相続税 160 万円

② 預金 5,000 万円を、預金 3,000 万円と生命保険料 2,000 万円に分ける

3,000 万円＋2,000 万円（死亡保険金）－ 500 万円（非課税枠）－ 基礎控除（3,000 万円＋600 万円×１人）＝ 課税遺産総額 900 万円

課税遺産総額 900 万円 × 相続税率 10% ＝ 相続税 90 万円

## 【図２：②の設定を子ども３人で分ける】

3,000 万円
＋
2,000 万円（死亡保険金）－ 500 万円（非課税枠）×３人

－

基礎控除
3,000 万円＋600 万円×３人

＝

課税遺産総額
－1,300 万円

相続税は発生しない

**ポイント！**

- 生命保険を活用すると、納税額に違いが生じる
- 法定相続人が多いほど、基礎控除額が増える

### 相続対策は生前のうちにすませる

# 不動産やゴルフ会員権などの資産に変えておく

## 資産の形を変えて評価額を低くする

**現金や預金を不動産やゴルフ会員権の形の資産に変えておけば、相続財産を減らせて相続税の納付税額が低くなります。また、生前に買ったお墓も非課税財産となり、遺産総額から控除されます。**

## 不動産は実際に売買される価格よりも低く見積もられる

　不動産の場合、相続税を算出するための評価方法として、道路に面する標準的な宅地の１㎡あたりの定められた価額を用いる路線価方式と、路線価の定められていない地域の算出方法の倍率方式があります。市街地の大部分は路線価方式が適用され、建物は、固定資産税評価額が相続税の評価額になります。つまり実際に売買される価格で評価するのではなく、実際の価格よりも低く見積もられた価格になるのです。

　これが顕著になるのは、賃貸物件の不動産です。建物がアパートなどの賃貸になっていると、本来の価値よりも評価が大幅に低くなります。これは賃借人がいるために、物件を自由にできないという制約があるからのようです。

　不動産以外でも、ゴルフ会員権は相続のときに評価が低くなる資産です。では、現金と比較してどれぐらいの価額で評価されるのでしょうか？

　現金で１０００万円なら、相続時の評価も１０００万円ですが、同じ価値でも土地なら、80％の８００万円ぐらいに、建物なら70％の７００万円ぐらいの評価になり、ゴルフ会員権は、70％の７００万円ぐらいになります。

## お墓や仏壇は、非課税財産となる

　お墓は結構高い買い物です。高額なお墓に価値を見出さない人もいるでしょうが、相続対策という点では、生前にお墓を買うことは有効です。ほかに仏壇も同じです。また、葬式にかかる費用も多くは非課税です。

　これらの費用は非課税財産ですので、遺産総額から控除されて、正味の遺産額が算出されます。

　そのほか、前述の生命保険の非課税限度額（５００万円×法定相続人の数）も非課税財産として、遺産総額から控除されます。死亡退職金も、「５００万円×法定相続人の数」までは非課税財産として、遺産総額から控除されます。

1 相続・遺言
2 住宅
3 介護
4 葬式・お墓

## 【倍率方式】

| 音順 | 町・丁目 | 適用地域名 | 借地権割合 | 倍率など | | |
|---|---|---|---|---|---|---|
| | | | | 宅地 | 田 | 畑 |
| あ | 愛町 | 全域 | ― | 路線 | 比準 | 比準 |
| | 旭町 | 一部 | ― | 路線 | 比準 | 比準 |
| | 杏町1丁目 | 全域 | 60 | 路線 | 比準 | 比準 |
| | 杏町2丁目 | 全域 | ― | 路線 | 比準 | 比準 |
| | 杏町3丁目 | 全域 | 60 | 1.1 | 比準 | 比準 |
| い | 泉町 | 全域 | ― | 1.1 | 比準 | 比準 |

固定資産税評価額にこの倍率をかける

周囲の宅地の価額と比較して評価額を求めるという意味

路線価が定められていない地域の土地を評価するときに用いる

＊国税庁ホームページより最新版がダウンロードできる

## 【路線価方式】

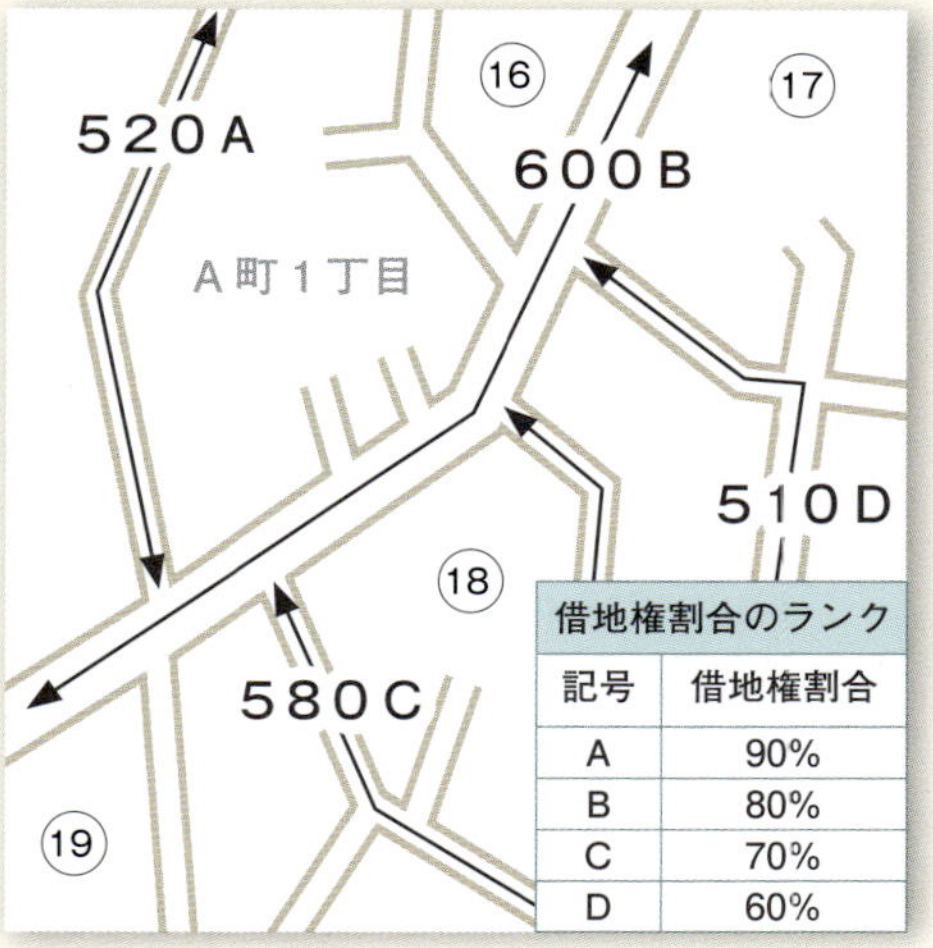


| 借地権割合のランク | |
|---|---|
| 記号 | 借地権割合 |
| A | 90% |
| B | 80% |
| C | 70% |
| D | 60% |

表示は千円単位

価額の右の記号は借地権割合のランクを表す

路線（道路）に面する標準的な宅地の1㎡あたりの定められた価額

＊国税庁ホームページより最新版がダウンロードできる

**ポイント！**

- 不動産の実際の価格よりも低い「評価額」を知ろう
- 生前にお墓や仏壇を購入すると相続対策になる

## 【評価の低い資産・非課税の財産】

ゴルフ会員権

ゴルフ会員権なら、現金の70%の価額になる

お墓

生前に購入したお墓や仏壇は非課税財産なので、遺産総額に計上されない

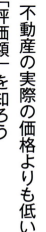

相続税いくらかかる？

# 「シミュレーション❶ 法定相続分の計算」

**計算式①**

| 遺産総額 | | | | 正味の遺産額 |
|---|---|---|---|---|
| 1億5,000万円 | － | 非課税財産1,500万円<br>＋<br>債務2,000万円<br>＋<br>葬式費用300万円 | ＝ | 1億1,200万円 |

**計算式②**

| 正味の遺産額 | | 基礎控除 | | 課税遺産総額 |
|---|---|---|---|---|
| 1億1,200万円 | － | 3,000万円<br>＋<br>600万円×3人 | ＝ | 6,400万円 |

**計算式③**

| ● 妻……法定相続2分の1 | ● 子ども1人分……法定相続4分の1 |
|---|---|
| 課税遺産総額6,400万円<br>×2分の1<br>＝3,200万円<br><br>3,200万円×税率20%<br>－200万円（区分別の控除額）<br>＝440万円 | 課税遺産総額6,400万円<br>×4分の1<br>＝1,600万円<br><br>1,600万円×税率15%<br>－50万円（区分別の控除額）<br>＝190万円 |

**シミュレーション①の設定**

● 遺産総額
1億5,000万円

● 相続人
妻
子ども2人
（ともに20歳以上）

● 課税遺産総額
6,400万円

ここでは、具体例を用いて、相続税がいくらになるのか、計算してみましょう。

実際の税額を求めるには、まず、相続人全体の課税遺産総額を計算します。その総額を、持分割合に按分した金額が、相続人個々の相続税額です。そこから、相続人それぞれの事情により税額が控除されて、各相続人の税額が決まります。

**計算式①** 被相続人の遺産総額から、「非課税財産」「債務」「葬式費用」を引いて、「正味の遺産額」を算出します。

**計算式②** その「正味の遺産額」から、「基礎控除」を引くと、「課税遺産総額」が出ます。課税遺産総額がプラスになるので、相続税が生じます。

**計算式③** 課税遺産総額が出たら、これを法定相続分の割合で相続人個々の税額を求めます。

**計算式④**

妻　440 万円 ＋ （子ども A　190 万円 ＋ 子ども B　190 万円） ＝ 相続税の総額　820 万円

**計算式⑤**

● 妻……法定相続２分の１

相続税の総額 820 万円
× ２分の１
＝妻の相続税 410 万円 ……①

● 子ども１人分……法定相続４分の１

相続税の総額 820 万円
× ４分の１
＝子ども１人分の相続税 205 万円

**計算式⑥**

正味の遺産額　1 億 1,200 万円 × ２分の１ ＝ 5,600 万円

相続税の総額　820 万円 × $\frac{\text{配偶者の法定相続分　5,600 万円}}{\text{正味の遺産額　1 億 1,200 万円}}$ ＝ 配偶者の税額軽減　410 万円 ……②

**計算式⑦**

①妻の相続税　410 万円 － ②配偶者の税額軽減　410 万円 ＝ 0 円

**計算式④** ここで、各相続人の税額を合計した相続税の総額を計算します。

**計算式⑤** **計算式④**で出た相続税の総額を、各相続人の法定相続分で按分します。

**計算式⑥** ここで、各相続人それぞれの事情で税額が控除されていきます。今回は妻が「配偶者の税額軽減」を受けると考えます。

**計算式⑦** ①妻の相続税から、②配偶者の税額軽減を引きます。

妻の相続税は、0円になりました。つまり、「配偶者の税額軽減」を使うと、配偶者が法定相続分で相続（または法定相続分以下で相続）したときには、相続税は発生しないのです。

この例は基本的な条件のもとで計算したもので、それぞれのケースで課税対象額は異なります。より複雑なケースの詳細をお知りになりたい場合は税理士などにご相談ください。

相続税いくらかかる？

# シミュレーション②「小規模宅地等の特例」

**【図1：小規模宅地等の区分ごとの限度面積・減額割合】**

（平成27年1月1日以降に相続されたものが対象）

<table>
<tr><th colspan="2">宅地等の利用区分</th><th colspan="3">要　件</th><th>限度面積</th><th>減額割合</th></tr>
<tr><td colspan="2">被相続人が住んでいた宅地</td><td>①</td><td colspan="2">特定居住用宅地等</td><td>330㎡</td><td>80%</td></tr>
<tr><td rowspan="3">被相続人が営んでいた事業用の宅地</td><td>貸付事業以外の宅地</td><td>②</td><td>特定事業用宅地等</td><td rowspan="2">特定事業用宅地等</td><td>400㎡</td><td>80%</td></tr>
<tr><td rowspan="2">貸付事業用の宅地</td><td>③</td><td>特定同族会社事業用宅地等</td><td>400㎡</td><td>80%</td></tr>
<tr><td>④</td><td colspan="2">貸付事業用宅地等</td><td>200㎡</td><td>50%</td></tr>
</table>

**【限度面積の判定の仕方】**

| |
|---|
| 1．特定居住用宅地等（①）または特定事業用宅地等（②③）の場合 |
| ①≦330㎡であること。また、（②＋③）≦400㎡であること |
| 2．貸付事業用宅地等（④）およびそれ以外の宅地等（①②③）の場合 |
| ①×0＋$\frac{200}{330}$（②＋③）×$\frac{200}{400}$＋④≦200㎡であること |

**シミュレーションの②設定**

- 相続人
  親と同居していた子ども1人
  （20歳以上）
- 宅地の評価額
  1億円
- 建物の評価額
  5,000万円

「小規模宅地等の特例」は、どのぐらい得をするのか、具体例で確認しましょう。「小規模宅地等の特例」に該当するケースはいくつかあるのですが、ここでは、「特定居住用宅地等」のケースを見ていきます（図1①）。この特例が適用されると、住宅（土地）の評価額が80％減額されます。

まずは、「特定居住用宅地等」の要件は、次のとおりです。

- 被相続人と同居の親族が居住する場合などの宅地であること
- 宅地の面積が330㎡まで（場合によっては最大730㎡まで）
- 相続時精算課税によって取得した宅地ではないこと

**計算式①**　被相続人の親と同居していた子ども1人（20歳以上）が親の宅地と建物を相続し、小規模宅地等の特例を利用しない場合です。

**計算式①**　「小規模宅地等の特例」を利用しない場合

| 宅　地 | | 建　物 | | 基礎控除 | | 課税遺産総額 |
|---|---|---|---|---|---|---|
| 1 億円 | ＋ | 5,000 万円 | − | 3,000 万円<br>＋<br>600 万円× 1 人 | ＝ | 1 億 1,400 万円 |

| | | 区分別の控除 | | 相続税額 |
|---|---|---|---|---|
| 1 億 1,400 万円<br>×<br>相続税率 40% | − | 1,700 万円 | ＝ | 2,860 万円 |

**計算式②**　「小規模宅地等の特例」を利用する場合

| 宅地 | | 宅地×減額割合 | | 建　物 | | 基礎控除 | | 課税遺産総額 |
|---|---|---|---|---|---|---|---|---|
| 1 億円 | − | 1 億円× 80% | ＋ | 5,000万円 | − | 3,000 万円<br>＋<br>600 万円× 1 人 | ＝ | 3,400 万円 |

| | | 区分別の控除 | | 相続税額 |
|---|---|---|---|---|
| 3,400 万円<br>×<br>相続税率 20% | − | 200 万円 | ＝ | 480 万円 |

相続した宅地（３３０㎡以内）の評価額が１億円、建物の評価額は５０００万円で計算してます。

**計算式②** 小規模宅地等の特例を利用すると、宅地に対して80％の減額が適用されます。

小規模宅地等の特例を利用した場合と、しなかった場合の差は、２３８０万円です。適用のあるなしで、ここまで金額に差がでるのです。

### 小規模宅地等の特例のポイント

**改正前**

- 被相続人が居住していた宅地であれば、50%評価減が適用
- 相続人のうち１人でも評価減対象者であれば、他の相続人の持ち分にも適用
- さらに取得者が「同居している」などの一定の要件を満たせば、80%の評価減

**改正後**

- 相続人それぞれで要件の該当・非該当が判定される
- 50%の軽減は廃止。宅地と取得者の要件をいずれも満たした場合のみ80%の評価減。そうでない場合はゼロ

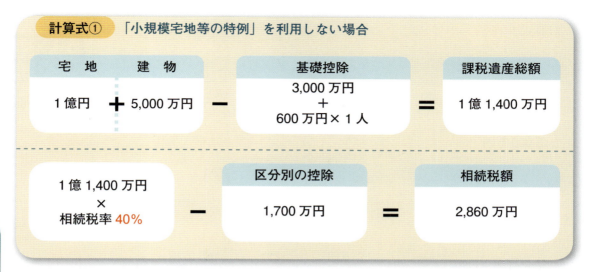

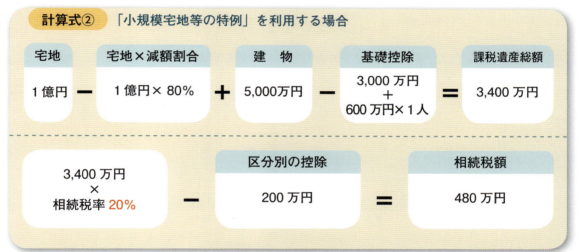

相続税いくらかかる?

# 「シミュレーション③ 預金を他の資産に変更」

**計算式①**

1.「5,000万円の預金として相続」の場合

正味の遺産額 5,000万円 − 基礎控除 3,000万円＋600万円×1人 ＝ 課税遺産総額 1,400万円

1,400万円×相続税率15% − 区分別の控除 50万円 ＝ 相続税額 160万円

memo 〈知っていますか〉２人以上の勤労者世帯の貯蓄現在高（平成23年）

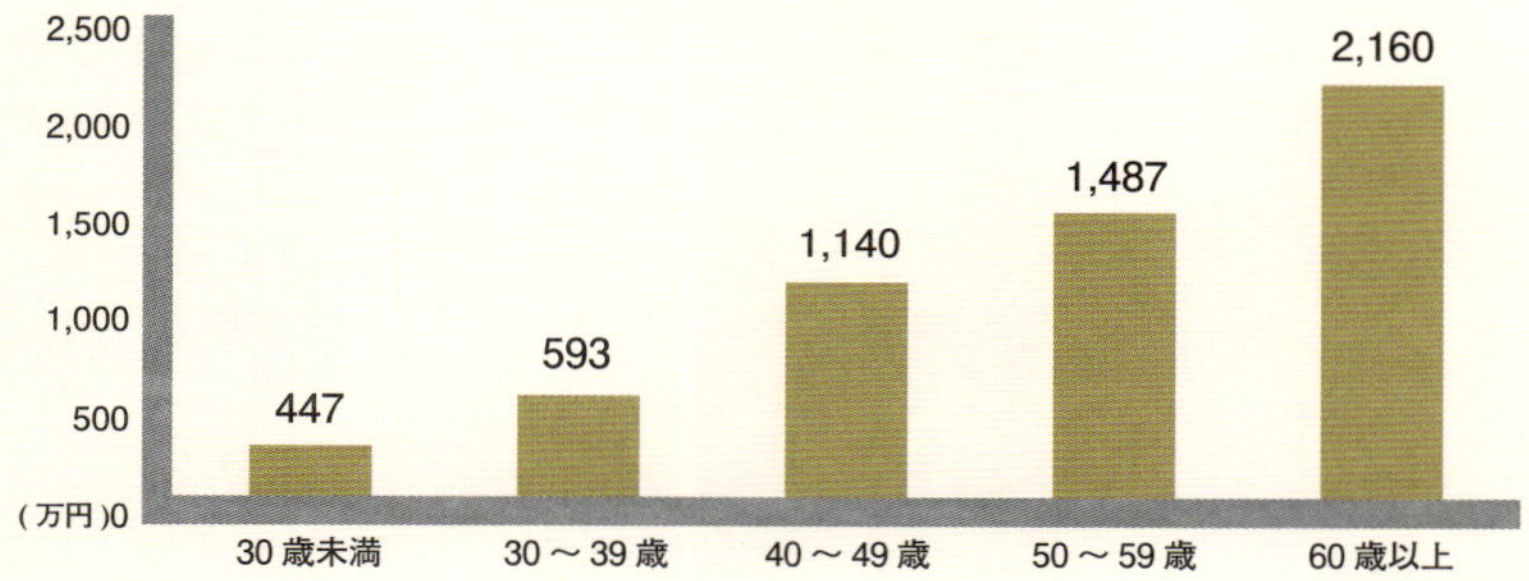


＊負債現在高は除く
＊総務省統計局ホームページより

**シミュレーション③の設定**

● 相続人
子ども1人
（20歳以上）

● 預金
5,000万円

5000万円の預金を、生命保険とゴルフ会員権に変更した場合と、そうでない場合とを比較してみましょう。なお、相続人は子ども1人（20歳以上）とします。

**計算式①** 特に対策をせず、5000万円の預金を、そのまま5000万円の預金として所持していて相続が発生したとします。

**計算式②** 3000万円の生命保険に加入し、ゴルフ会員権1500万円を購入します。さらに、お墓を500万円で買ってから相続が発生したとします。

**計算式①**は、相続税額が160万円に対して、相続対策を行った**計算式②**は、相続税がなしです。その差は、160万円ということになりました。

相続対策をする、しない、で納税額に明らかな差が出るのが相続税なのです。

**計算式②**

2.「死亡保険金 3,000 万円、ゴルフ会員権 1,500 万円、お墓 500 万円」の場合

| 遺産総額 | | | | 非課税財産 | | 正味の遺産額 |
|---|---|---|---|---|---|---|
| 死亡保険金 | ゴルフ会員権 | お墓 | | お墓 | | |
| 3,000 万円<br>−<br>500万円<br>(非課税限度額) | 1,500 万円<br>× 70% | 500 万円 | − | 500 万円 | ＝ | 3,550 万円 |

| 正味の遺産額 | | 基礎控除 | | 課税遺産総額 |
|---|---|---|---|---|
| 3,550 万円 | − | 3,000 万円<br>＋<br>600 万円× 1 人 | ＝ | − 50 万円<br>よって相続税はなし |

＊ゴルフ会員権は 70%の評価で計算
＊税額控除はなしで計算

memo 〈知っていますか〉生命保険の種類

**定期保険**

終身保険や養老保険に比べて小さな保険料で大きな保障が得られる。ただし、保障期間が限定されるため注意が必要。

**終身保険**

終身保険は他の保険と違い保障が一生涯続く。その分保険料が割高になるが、貯蓄性もあり将来の積立のつもりで加入をするケースもある。

**養老保険**

保障期間は一定で、その間に死亡したときには死亡保険金が、満期時に無事存命していれば満期保険金が受け取れる。死亡保険金と満期保険金は同額になる。

| 課税される財産 | 課税されない財産 |
|---|---|
| 現預金、有価証券などの金融資産 | 墓地、墓石、仏壇、仏具、神棚など<br>(生前に贈入したものに限る) |
| 土地、建物、マンションなどの不動産 | 国、地方自治体、<br>特定の公益法人などへ寄付したもの |
| 宝石、美術品、骨董品などの動産 | 公益事業のために提供した<br>財産で一定のもの |
| ゴルフ会員権、貸付金、特許権<br>など各種権利 | 生命保険金のうち一定額（非課税枠） |
| 生命保険金、年金契約、<br>退職手当金などのみなし財産 | 退職手当金のうち一定額（非課税枠） |

# 相続Q&A

こんなときどうするの!?　このページでは、相続・遺言についての疑問を解決！

## Q　内縁の妻は、相続できますか？

内縁の妻ですが、夫とは50年同居しています。子どもはいません。夫に弟がいます。夫の財産は、どのくらいもらえるでしょうか？

## A　遺言を残してもらう必要があります

戸籍上、妻になっていなければ、財産はもらえません。ご主人に子どもがいないときは、ご主人の両親（または祖父母）、それもいないときは、ご主人の兄弟姉妹が、ご主人の財産を相続します。あなたの場合、内縁の妻であるあなたが相続をしたいときは、ご主人に遺言を残してもらう必要があります。

## Q　内縁の妻ですが、遺言がありません

内縁の妻です。同居している夫が亡くなりました。私たちには子どもはなく、夫の両親はすでに他界しており、夫はひとりっ子でした。夫は遺言を残しておらず、私は夫の財産を相続できないと、親しい人から言われました。長年連れ添ってきたのに、なんとかならないのでしょうか？

## A　裁判所に認められれば可能です

あなたの立場は、特別縁故者で、亡くなったご主人には相続人がいないことが考えられます。相続人の存否が不明の場合には、相続財産管理人がご主人の債務を支払うなどして清算を行ったあと、家庭裁判所の相続人を捜索するための公告で定められた期間内に、相続人である権利を主張する人が現れなかった場合、家庭裁判所は、ご主人と特別の縁故のあったあなたの請求によって、あなたを相当と認めるときに、清算後に残った相続財産の全部又は一部を与えることができます。

Q

## 父の死後に、返済を要求されました

事業を営んでいた父が亡くなって３年が経過しました。２週間前、父に 1,000 万円を貸していたという人が現れ、相続人の私に返済を要求してきました。父とその人との間で交わした金銭消費貸借の契約書もあります。相続放棄をしたいのですが、父が亡くなって３カ月以上経過しています。1,000 万円払わないといけないのでしょうか？

A

## 相続放棄できる可能性があります

相続放棄の期限は、民法 915 条第１項にあるように、「相続の開始があったことを知った時から三箇月以内に」です。あなたのケースでは、お父さんが亡くなって３年が経過しているので相続放棄ができないのでは、と思われたかもしれませんが、よく民法の条文を読んでください。「相続の開始があったことを知った時から」とあります。あなたが 1,000 万円の借金を相続したことを知ったのは、２週間前で、まだ３カ月はたっていませんので、相続放棄ができる可能性があります。

＊民法915条第１項……相続人は、自己のために相続の開始があったことを知った時から三箇月以内に、相続について、単純若しくは限定の承認又は放棄をしなければならない。

Q

## 遺産の分割をやり直せますか？

遺産分割協議を終えて、相続税も申告しました。しかし、考えたすえ、もう一度遺産の分割をやり直したいと思います。可能でしょうか？

A

## 可能ですが、贈与税がかかることも

相続税の申告期限が過ぎても遺産の分割をすることは可能ですが、注意していただきたいのは、やり直した遺産分に関して、相続人の間で贈与があったとみなされて、贈与税がかかることもあるということです。遺産の分割をするときは、やり直しのないようによくよく考えてするのがベストです。

# トピックス2 遺言はなぜ必要なのか

## 残された人たちへの優しいメッセージ

**財産の大小は関係ない。相続税がかからなくても、遺産争いは発生する**

遺言と聞くと、「縁起でもない」と考える人もいるかと思います。また、年老いた親に、「遺言を書いてほしい」と頼むことにためらいを感じる人もいると思います。マイナスなイメージが強い遺言ですが、「残された人へのメッセージ」と考えてみてはいかがでしょうか？

「うちは財産がないから、遺言は必要ない」と言う人がよくいます。しかし、こんな統計があるのをご存知でしょうか？

最高裁判所の『司法統計年報平成23年』によると、相続分割事件全体の中で、平成23年当時は相続税がまったくかからなかったはずの5000万円以下の遺産分割で、

**【自筆証書遺言書記入例】**

**書式例①**

遺　言　書

遺言者丹下小太郎は、遺言者の有する一切の財産を、妻丹下令子（昭和20年5月5日生）に相続させる。

平成〇〇年〇〇月〇〇日

住　所　東京都世田谷区山海町10番地5
遺言者　丹　下　小　太　郎　印

**書式例② 付言事項付**

遺　言　書

第1条　遺言書は、遺言者の有する預金の2分の1を、長女丹下朋子（昭和47年10月3日生）に相続させる。

第2条　遺言者は、第1条記載の預貯金を除くその他一切の財産を長男丹下太一（昭和45年6月13日生）に相続させる。

第3条　遺言者は、祖先の祭祀を主宰すべき者として、長男丹下太一を指定する。

第4条　遺言者は、この遺言の遺言執行者として、長男丹下太一を指定する。

付　言　長男太一に多く存続させることにしたのは、長男として丹下家を守ってもらいたいと思うからです。長女丹下朋子には一軒家を購入する際に援助しました。お母さんの気持ちを理解して、仲良く暮らしてください。

平成〇〇年〇〇月〇〇日

住　所　東京都世田谷区山海町10番地5
遺言者　丹　下　令　子　印

**【相続分割事件の割合】**

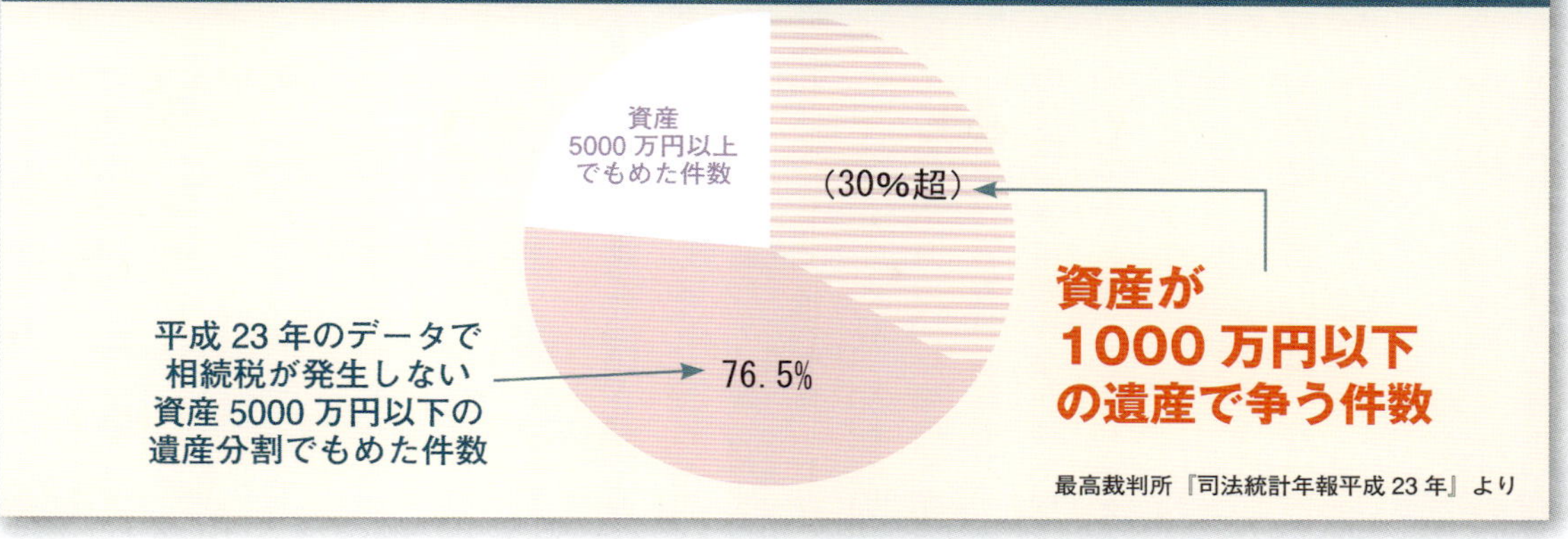


最高裁判所『司法統計年報平成23年』より

金持ち、けんかせず!?

遺産が少ない人ほど
相続でもめる傾向にある

もめた件数がなんと約77%を占めていたのです。また、1000万円以下の遺産で争う件数は、30%を超えていました。

遺産の多い少ないはまったく関係ないどころか、むしろ遺産が少ない家ほど相続でもめる傾向があるようです。自分の子どもたちが、自分の遺した財産で骨肉の争いを繰り広げることを想像すると、いたたまれない気持ちになるのではないでしょうか。

あるいは、「うちは子どもたちの仲がいいからもめることはない」と考える人がいるかもしれません。しかし、景気の停滞が長引く中で、子どもたちの家計がひっ迫する状況も増加してきています。わずかな遺産でも奪い合うという事態が発生する可能性は十分あるのではないでしょうか?

遺言を残す残さないは、本人の自由です。しかし遺言があれば、家族間のトラブルを避けることができます。死後に遺言者の意思表示を実現させることもできます。そのためには、民法に規定された形式に則った有効的な遺言を作成することが大切です。

遺言を残そうと考えている人は、ルールを把握し、誰からも文句が出ない確実な遺言を残せるようにしておきましょう。

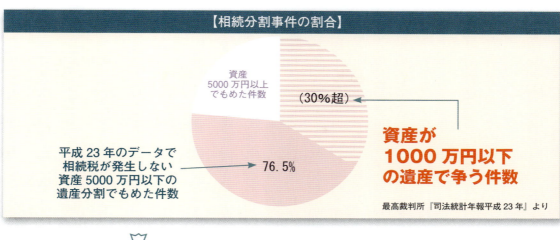

遺言は
なぜ必要
なのか

# 遺言には相続対策という役割もある

## 10カ月以内に申告をするために

遺言は、相続対策という点でも、重要な役割を果たします。相続対策として、相続財産を減らす（評価が低い財産に変える）ことは述べましたが、もうひとつ大事なことは、相続税の申告期限である10カ月以内に申告をするということです。申告が遅れると、せっかくの特典が活用できなかったり、相続税の納付が遅れることで利息を払うことにもなります。

## 遺産分割協議を速やかに終わらせるために

年老いた親に、「遺言を書いてほしい」と言いづらい場合は、遺言は相続対策に有効である点を説明してはいかがでしょうか。

実際に遺言は、遺産分割協議を速やかに終わらせるためにはとても有効なのです。遺産分割でもめてしまうと、相続税の申告期限である10カ月以内に申告できないことも考えられます。

じつはこれが、相続対策という点では、ものすごく不利な状況になってしまうのです。期限内に申告しなければ、「配偶者の税額軽減」や「小規模宅地等の特例」などの特典が、使えなくなる可能性があるからです。

これらの特典が、相続対策でどれだけ有効なものかは、30ページ、32ページなどを読んでもらえばよくわかると思います。遺言がなくて、もめたために、本来払う必要のなかった相続税を納めることも予想されるのです。

また、期限内に納税できないということで、新たに利息が発生してしまうことも考えられます。法定納期限の翌日から納付する日までの日数に応じた延滞税を納付しなければなりません。申告や納税が遅れていいことは何ひとつありません。

## 遺言は被相続人の明確な意思表示

「遺言がなくても、法定相続分で分ければよい」と考える人もいるのではないでしょうか？

しかしながら、相続財産は実際に分割できるようなものではない場合も多くあります。家などは、子ども2人で法定相続分に従って分けるといっても、家を2つに分割することは難しく、子どもたちは戸惑ってしまいます。親が、「家は長男に、銀行預金は長女に」などのように、明確に意思表示をしておかないと、骨肉の争いにつながってしまうのです。

## 【遺産分割協議を速やかに終わらせるために】

**相続開始を知った日の翌日**
（被相続人が死亡したことを知った日の翌日）

遺言がないと
スムーズにいかない

遺言があると相続が
スムーズに流れ、
期限に間に合う場合が多い

10カ月後
**相続税の申告期限**

### 申告期限を過ぎてしまうと

**新たに利息が発生する**
法定納期限の翌日から納付する日までの日数に応じた延滞税を納付

**特典が使えなくなる**
小規模宅地等の特例
配偶者の税額軽減　など

**ポイント!**

- 申告が遅れると、さまざまな特典が活用できない
- 相続税の納付が遅れることで利息を払うことも

## 【遺言書のあるなし】

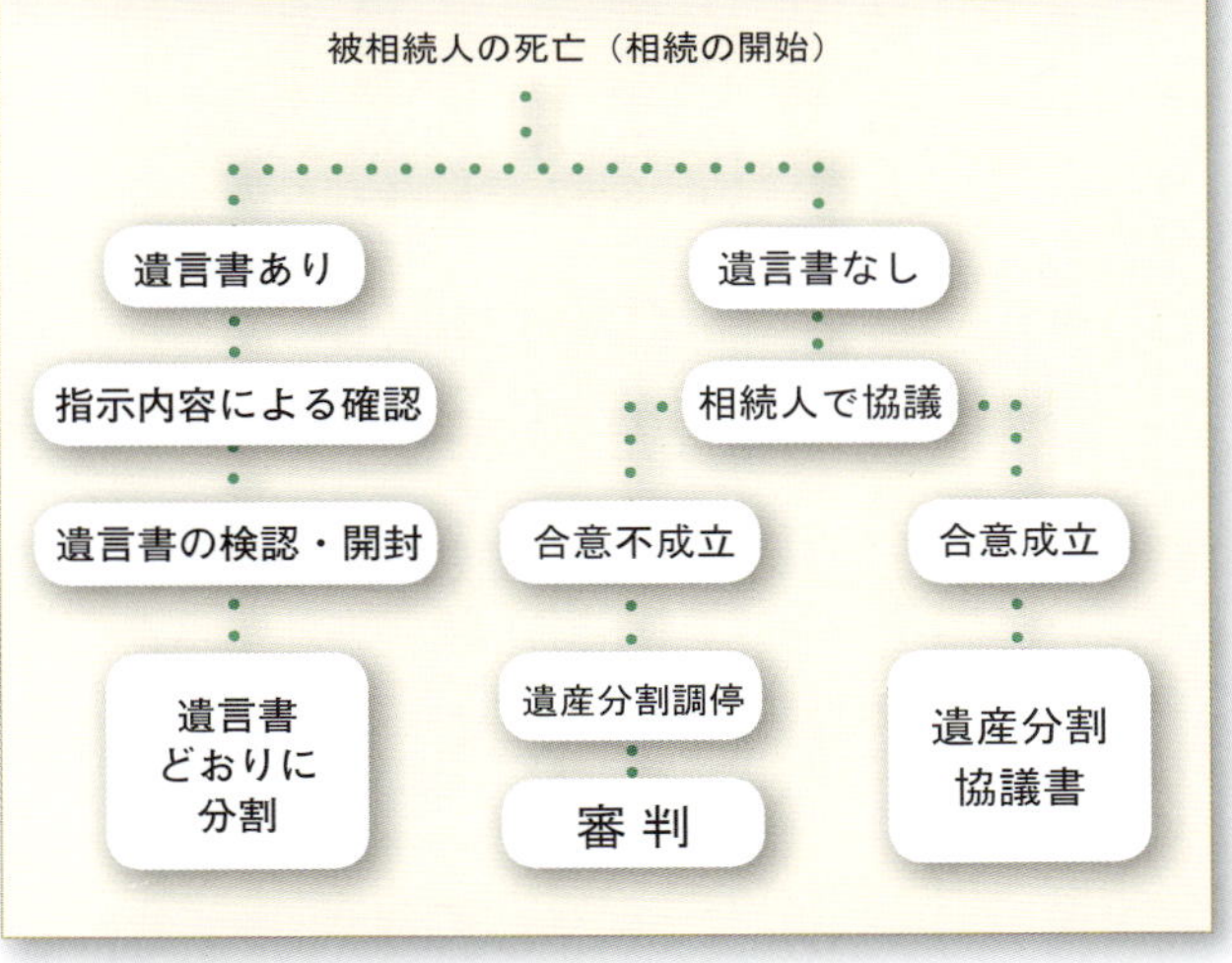


## 【法定相続分ではきれいに分割できない】

法定相続分で分けるといっても、家などを子どもの人数分で分けることはできない。明確な指示がないと争いの種となってしまう。

遺言の種類と書き方

# 遺言の種類と、それぞれの違いを知ろう

### 遺言の法的な効力

遺言には、いろいろ種類があります。まず、問題となるのは、遺言に法的な効力を持たせるかどうかです。法的な効力を持たせるには、定められた形式を守らなければなりませんが、法的な効力がなくてもよい場合もあります。葬式の方法や先祖の墓の管理の仕方です。しかし、法的な効力がない遺言の場合、将来行われるであろう遺産分割協議で、予想に反してもめる場合があります。

## エンディングノートもひとつの指針

法的な効力がなくてもいい場合は、自由に書いてかまいません。市販されている「エンディングノート」などを活用してもよいでしょう。法的には遺言とは呼べないかもしれませんが、あなたの気持ちを伝えることで、残された人には指針となるので、何もないよりはあったほうがよいでしょう。

ただ、次のような人は、きちんと法的な効力がある遺言書を作成することをお勧めします。

- **子どもがいない人**
- **内縁の妻がいる人**
- **離婚をした人で、先妻に子どもがいて後妻もいる人**
- **相続人がたくさんいる人**
- **寄付をしたい人**
- **会社を経営している人**
- **障害のある人や介護の問題がある人**

このような人は、将来発生する相続で、もめる可能性が非常に高いのです。あなたがきちんとした指針を示しておかないと、残された人たちは困ってしまいます。

## 法律で定められたルールがある遺言

法的な効力があるのは、次の3種類の遺言です。

- **自筆証書遺言**
- **公正証書遺言**
- **秘密証書遺言**

自筆証書遺言は、名前のとおり自筆で書く遺言ですが、一番手軽に作れる反面、確実性が他の遺言より劣ります。公正証書遺言と秘密証書遺言は、公証役場で作成する正式な遺言です。確実なものですが、手間と費用がかかるのが難点です。

これらの遺言には、法律で定められたルールがあります。これを守って作らないと、のちに争いとなった場合に、あなたの遺言は否定される材料になってしまいます。

## 【法的な効力がある遺言を作成したほうがいい人】

| | |
|---|---|
| ●子どもがいない人<br>●内縁の妻がいる人<br>●離婚をした人で、先妻に子どもがいて後妻もいる人 | 相続人の確定 |
| ●相続人がたくさんいる人 | 相続人の優先順位 |
| ●寄付をしたい人 | 相続人を納得させる |
| ●会社を経営している人 | 会社のその後の経営ほか |
| ●障害のある人や介護の問題がある人 | 相続人の優先順位 |

## 【３種類の遺言の特徴】

| | 自筆証書遺言 | 公正証書遺言 | 秘密証書遺言 |
|---|---|---|---|
| 作成方法 | 本人がすべて自筆 | 公証人が口述筆記 | 本人が作成 |
| 証人 | 不要 | ２人以上の立会い | ２人以上の証認と公証人 |
| 封印 | 不要（封印も可） | 不要（封印も可） | 必要 |
| 裁判所の検印 | 必要 | 不要 | 必要 |
| 特徴 | 簡単だが不備があれば無効の場合も | 最も確実で安全だが、手続きと費用が必要 | 内容を秘密にできるが、不備があれば無効 |

### ポイント！

- 法的な効力のある遺言と、法的な効力のない遺言がある
- 法的な効力がないために、もめるケースがある

## 【エンディングノートに法的効力はない】

エンディングノートはあくまであなたの気持ちを伝えるもので、法的効力がないために

**相続でもめることに**

もめない遺言のコツと実例

# 紙と筆記具があればできる「自筆証書遺言」

## 自分で簡単に作成できる

自筆証書遺言は、法的な効力を持つ遺言の中でも、一番手軽で費用がかからない方法です。ただ、確実にそれが実行されるかどうか、という問題があります。よくあるのが、せっかく遺言書を作っても、家族に発見されなかったり捨てられてしまうケースです。

## 書式は自由だが、必ず自筆で書く

自筆証書遺言は、自筆で書くことが条件です。パソコンで打ってプリントアウトすれば手軽ですが、それではダメなのです。

書式は定まっておらず、自由に書いて大丈夫です。ただし、次の項目を守らないといけません。

- 内容を明確に記載する
- 誤解を招くような記載はしない
- 日付を必ず入れ、署名と押印をする
- 封筒に入れて、封をする（しなくても可）

遺言を書く前に、あらかじめ財産をリストアップしておきます。財産を贈与する人は本人と特定ができるように、「長男　××」「長女　××」「妻　××」のように名前だけでなく続柄も書いてください。それぞれの生年月日や住所も記載しておきます。

筆記用具はなんでもかまいませんが、鉛筆書きは不可です。文字を間違えたときは、正しく訂正の処理をします。間違えた文字を二重線で消し、その横に正しい文字を書き、訂正印を押します。そして、余白にどの部分をどのように訂正したかを記載して、署名しておきます。2枚以上になったときは、偽造や変造を防ぐためにホッチキスなどでとめておきましょう。

## 遺言者の死後は、勝手に開封ができない

自筆証書遺言は、家族が発見しやすい場所に保管するか、誰か人に頼んで保管してもらいます。そしてそれは、遺言者の死後、勝手に開封ができないことになっています。家庭裁判所で開封してもらう検認の手続きが必要で、これを守らないと過料に処せられます。

もし、あなたが亡くなった親の遺言書を発見した場合でも、これらのことは守ってください。たとえば、自筆証書遺言に従って、不動産登記を申請しても、家庭裁判所の検認がなければ、却下されてしまいます。

このように、法律では守られている自筆証書遺言ですが、相続人が、それを隠したり、破棄したりしてしまえば、それで遺言書は永久に闇に葬られ、無力となってしまいます。

## 【自筆証書遺言の注意点】

**① 財産のリストアップ**

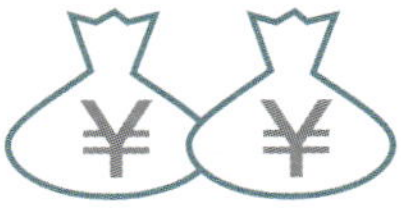


**② 贈与する人を特定できるように**

名前、続柄、生年月日、住所を記入する

妻△△　長男××　長女○○

**③ 鉛筆は不可。訂正は正しくする**

**④ ホッチキスでとめる**

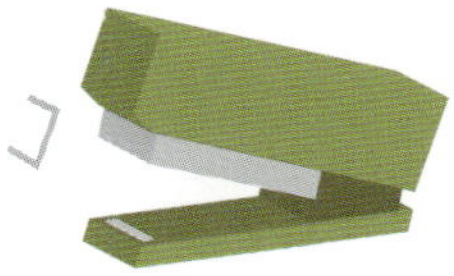

**⑤ 必ず自筆で書く**

**⑥ 内容を明確にして、誤解を招くような記載はしない**

**⑦ 日付、署名、押印は忘れずに**

**⑧ 最後に封印（しなくても可）**

### ポイント！

- 自筆証書遺言は発見されやすい場所で保管する
- 開封には、家庭裁判所の検認が必要

## 【自筆証書遺言のメリット、デメリット】

### ○メリット

- 遺言の存在、内容を秘密にできる
- 公証人の世話にならず、費用もおさえ、簡単に作成
- いつでもすぐに書き換え、変更ができる

### ×デメリット

- 遺言書の隠匿、偽造、紛失の恐れがある
- 遺言としての要件が欠けてしまう場合がある
- 遺言者の死後、発見されないこともありうる
- 本当に本人が作成したものか、遺言者の死後に争いが起こることもある
- 開封時に家庭裁判所の検認の手続きが必要になる

もめない遺言のコツと実例

# 確実な遺言を作りたいとき、秘密にしたいとき

## 公正証書遺言と秘密証書遺言

**どちらも、公証役場で作成します。公正証書遺言は、時間と手間がかかりますが、公正証書という公の文書にするので、確実性は高いです。**

## 公正証書遺言の文章は、公証人が作成する

公正証書遺言は、遺言をするあなたのほかに、2人の証人が公証役場に出向く必要があります。入院中などの場合は、公証役場の公証人に病院まで出張してもらうこともできますが、その場合、別途料金がかかります。

公正証書遺言の文章自体は、公証人が作成します。まず公証役場をたずねて面談をし、後日、署名と押印をするので、代理人に委任しなければ、自分で2回は公証役場に出向くことになります。

最初の訪問は、まず電話で予約しましょう。公証人と面談して遺言の内容を伝えますが、口述でも、文章を提出しても大丈夫です。戸籍の全部事項証明書や不動産の全部事項証明書などの必要書類も持参します。

信頼のおける専門家（弁護士、司法書士、行政書士など）に代理人として委任することもできますし、同時に遺言執行者になってもらうことも多いです。法律的な知識も多少必要になるので、専門家にサポートしてもらうと楽です。

公証人の準備が整うと、指定された日時に本人と証人2人の3人で公証役場に出向くことになります。証人は誰でもよいのですが、将来相続人になる人や相続財産をもらう人などは証人にはなれません。

公証役場に支払う費用は、遺言に記載する財産の価額によって違ってきます。たとえば、財産の価額が５０００万円以上1億円以下なら、４万３０００円です。

公正証書遺言は、自筆証書遺言のように、家庭裁判所での検認は必要ありません。

## 遺言をしたことを秘密にしたいときは、秘密証書遺言

秘密証書遺言は、遺言する内容を秘密にしておきたいときに利用します。自筆証書遺言のように自筆ではなく、パソコンでの作成・プリントアウトでかまいません。遺言書を封筒に入れて封をして、遺言書に押した印鑑と同じ印鑑で封印をします。

それを公証役場に持参して、2人以上の証人の立会いで手続きをします。

こちらは、自筆証書遺言のように、家庭裁判所での検認が必要になってきます。

# 【公正証書遺言書記載例】

## 公正証書遺言

公正証書遺言は、遺言者の真意を確保するため、２人の証人に立ち会ってもらい、公正証書遺言の遺言者が述べた遺言の内容を、公証人が筆記します。

### 優れた点

隠匿や偽造がなく、家庭裁判所の検認手続きの必要がありません。

### 注意点

証人が最低２人必要になり、実印や印鑑証明書などを用意します。

### 作成準備

公証人に面談して遺言の内容を伝えます。公証人の準備が整ったら、２人の証人と遺言者で公証役場に出向きます。遺言者が公証役場に行けない場合でも公証人に依頼すれば、遺言をすることができます。

---

平成〇〇年第×××号

正本

遺　言　公　正　証　言

本公証人は、平成〇×年△△日、遺言者佐々木四郎の嘱託により、証人神山小五郎、同内田美重子の立会いをのもとに、次のとおり遺言者の口授を筆記し、この証書を作成する。

第１条　遺言者は、遺言者の有する下記財産を含むすべての財産を、遺言者の妻冴子（昭和３３年１０月３日生）に相続させる。

記

1．不動産
（1）土地
所　在　東京都八王子市中央三丁目
地　番　６６番３３
地　目　宅地
地　積　９９.９９平方メートル
（2）建物
所　在　東京都八王子市中央三丁目６６番地３３
家屋番号　６６番３３の４
種　類　居宅
構　造　木造スレート葺１階建
床面積　1階　５５.５５平方メートル
2．預金
（1）一刻千金第一銀行（八王子市中央支店）
普通預金・口座番号９８７６５４３
（2）ゆうちょ銀行
記号　４５６７８・番号３４５６７８９

第２条　前記妻冴子が遺言者より先に死亡した場合（同時死亡を含む。）には、前条で同人に相続させるとした財産及び同人から相続した下記財産を含むすべての財産を遺言者の長女百合子（昭和５５年５月５日生）に相続させる。

記

預金　ゆうちょ銀行記号１３５７９・番号８９７４５３

第３条　遺言者は、祖先の祭祀を主宰すべき者として、前記妻冴子を指定するが、同人が先に死亡した場合（同時死亡を含む。）には、前記長女百合子の長男弘樹（平成３年１０月１６日生）を指定する。

第４条　遺言者は、下記の者を共同執行者として指定する。

記

（1）住所　東京都千代田区南町九丁目８８番７号
職業　行政書士
氏名　神山小五郎
生年月日　昭和３９年７月３日
（2）住所　東京都葛飾区北町七丁目５５番１１号
職業　行政書士
氏名　内田美重子
生年月日　昭和４３年１月２１日

2．遺言執行者は、遺言者の権利について、金融機関に対する預貯金債権の名義変更、払戻請求、貸金庫の開披、内容物取出、貸金庫契約解除そのほかこの遺言者の執行に必要なすべての行為をそれぞれ単独で行使する権限を有する。

3．遺言執行者は、この遺言の執行のために必要があるときは、代理人もしくは補助人を選任してその職務を執行することができる。

4．遺言執行者に対する報酬は、相続財産評価額〇△×パーセントを基準として、相続人と協議して定めるものとする。但し、その報酬の最低は金〇△〇円とする。

（付言）

1．遺言者は、妻冴子、百合子とその家族に恵まれたことを感謝します。

2．今ある財産は、冴子の内助の功によって築けたものであり、すべての財産を冴子に相続させ、残る人生を心豊かに生活できるように役立ててもらいたいと思います。

3．長女百合子とその家族には、仲良く心健やかに暮らしてもらいたいと思います。またこれまでどおり冴子の支えになってください。

以上

本　旨　外　要　件

東京都八王子市中央三丁目６６番３３号
無　職
遺　言　者　佐　々　木　四　郎
昭和７年１１月２９日生

上記は、印鑑登録証明書の提出のより、人違いでないことを証明させた。

東京都千代田区南町九丁目88番７号
行　政　書　士
証　人　神　山　小　五　郎
昭和３９年７月３日生

東京都葛飾区北町七丁目５５番１１号
行　政　書　士
証　人　内　田　美　重　子
昭和４３年１月２１日生

上記遺言者及び証人に読み聞かせたところ、各自この筆記の正確なことを承認し、各自次に署名押印する。

遺　言　者　佐　々　木　四　郎　㊞
証　人　神　山　小　五　郎　㊞
証　人　内　田　美　重　子　㊞

この証書は、平成△△年△△月△日、本公証人が東京都千代田区中央三丁目４番３３号の本公証役場において民法第九百六拾九条第一号ないし第四号所所定の方式に従って作成し、同条五号に基づいて署名する。

東京都千代田区中央三丁目４番３３号
東京都法務局所属
公証人　山　海　一　語　印

この正本は、嘱託人　遺言者の請求により、平成××年×月××により、本公証人役場において、原本に基づいて作成した。

東京都千代田区中央三丁目４番地３３
東京都法務局所属
公証人　山　海　一　語　公証人山海一語之印

---

## ポイント！

- 公正証書遺言の手続きは厳しく、遺言の中身も検証される
- 秘密証書遺言も公証役場で手続きする

# 遺言をするときは、遺留分に注意する

**遺言と遺留分の主張が食い違うことも**

遺留分とは、法律で保障された相続財産の取り分です。たとえば、「全財産を妻だけに相続させる」と遺言しても、子どもが遺留分を主張すれば、子どもが受け取る財産をゼロにすることはできません。

## 遺留分は、主張しなければ発生しない

遺留分が認められているのは、配偶者、子、直系尊属（親または祖父母）です。それぞれの最低の取り分は、民法に定められています。たとえ愛人に全財産を譲りたくても、妻子の取り分を遺言でゼロにすることはできません。

また、遺留分は、兄弟姉妹には認められていません。たとえば、子どものいない夫婦が「妻に全財産を相続させる」という遺言は、夫の兄弟姉妹から遺留分を請求されることがないので、できます。

なお、遺留分は主張しなければ発生しません。この権利を行使するかどうかは相続人の自由となるわけです。

## 遺言執行者は、事前に指定しておく

遺言は、遺言執行者がいなければ、相続人全員の同意で、内容を変更できます。そこで、遺言書に遺言執行者を指名することになります。遺言執行者は家族である必要はありません。多少報酬はかかりますが、信頼のおける専門家に頼むこともできます。ただ、事前に、遺言執行者を依頼する予定の人に了解をもらっておくことが大事です。

## 法定相続分と違う分配をするときには理由を書く

遺言には、「付言」という自分の心境や考えを書く項目があります。相続人への感謝を述べるのですが、たとえば法定相続分と違う分配をするときには、なぜそのように分配するのか理由を書くことが大切です。

たとえば、「長女に全財産である家と土地を相続させる」とすると、それをもらえない長男は不満を抱くことが予想されます。そこで、「長女には生活の面倒をみてもらったお礼として家と土地をあげたい」というように理由を示せば、もらえない人もある程度は納得するはずです。

ただ、もらえない人に対して、「お前は親不孝ばかりした」などと相手を責めるようなことや、恨みつらみを書くと、火に油を注ぐことになりかねませんので注意してください。

【法定相続分・遺留分の表】

| 相続人 | 決定相続分 | 遺留分（全体の遺留分） | |
|---|---|---|---|
| 配偶者＋子 | 配偶者　2分の1<br>子　2分の1 | 被相続人の財産の2分の1 | |
| 配偶者＋直系尊属 | 配偶者　3分の2<br>直系尊属　3分の1 | 被相続人の財産の2分の1 | |
| 配偶者＋兄弟姉妹 | 配偶者　4分の3<br>兄弟姉妹　4分の1 | 被相続人の財産の2分の1<br>（ただし、兄弟姉妹には遺留分はなし） | |
| 血族相続人のみ | 全部 | 子のみ | 被相続人の財産の2分の1 |
| | | 兄弟姉妹のみ | なし |
| | | 直系尊属のみ | 被相続人の財産の3分の1 |
| 配偶者相続人のみ | 全部 | 被相続人の財産の2分の1 | |

＊各相続人の遺留分は、全体の遺留分率×各相続人の法定相続分率の計算式で求める。

**ポイント！**

- 遺言者は、遺言執行者を決めておく必要がある
- 遺言執行者がいないときは相続人全員の同意で、内容を変更できる

## 遺言執行者とは

遺言書は書いただけでは意味がなく、
遺言を執行するには、

**遺言執行者を指名しなくてはなりません**

- 事前の了解を得る必要がある
- 弁護士や行政書士など専門家に頼むこともできる

# 遺言 Q&A

相続を円滑に行うためには、
遺言書が必要になります。その注意点は？

## Q 遺言の内容は変えられますか？

３年前に遺言書を書きました。でもこのところ、遺言の内容を変えたいと思うようになりました。遺言の内容を変更するには、どうしたらよいのでしょうか？

## A 何度変えてもかまいません

遺言書は、何度書いてもかまいません。日付が新しいものが優先されていきます。あなたの場合も、現在の日付でもう一度遺言書を作成すれば、前の遺言書よりも新しい遺言書が優先され、前の遺言を取り消したのと同じことになります。

## Q 息子に相続させたくありません……

息子には長年虐待されてきました。息子には財産を１円も相続させたくありません。遺言でなんとかできないでしょうか？

## A 生前に家庭裁判所に申立てをしましょう

息子さんには、遺留分という一定の遺産をもらう権利がありますので、まったく財産をあげないという遺言をしても、息子さんから相続人に請求があれば、一定額は渡さないといけなくなります。ただ長年虐待を受けてきたのなら、生前に家庭裁判所に相続人の廃除の申立てをして、認められれば、息子さんは相続人から廃除されます。また、遺言で推定相続人を廃除する意思を表示し、あなたの死後、遺言執行者が家庭裁判所に廃除の申立てをすることも可能です。

## Q 遺言書が2通出てきました

父親が亡くなって遺品を整理していたら、遺言書が2通も出てきました。しかも、書いてある内容が2通とも違います。どうしたらよいのでしょうか？

## A 新しい日付のほうを優先します

遺言書が複数出てきた場合、日付が新しいほうが優先となります。日付の新しい遺言を基準にしてください。

先の遺言が公正証書遺言、後の遺言が自筆証書遺言というように、遺言の種類が異なる場合も同様です。

なお、自筆証書遺言は、勝手に開封すると５万円以下の過料に処せられます。自筆証書遺言が出てきたら、必ず家庭裁判所で検認の手続きをします。開封には、相続人またはその代理人の立会いが必要ですので注意しましょう。

## Q ペットは相続できますか？

子どもがおらず、愛犬を子どものようにかわいがってきました。万が一のことを考えると、愛犬のことが心配でなりません。ペットに財産を相続させる遺言をしたいのですが、可能ですか？

## A 財産を譲ることはできませんが……

近年、ペットを子どものようにかわいがる方はたくさんいらっしゃいます。しかしながら、ペットは法律上はモノとして扱われますので、人にあるような権利義務は発生しません。したがって、ペットに財産を譲るという遺言はできません。

ただし、信頼のおける人に財産を託し、その財産でペットの面倒をみてもらうことは、遺言で可能かもしれません。専門家に相談してみることをお勧めします。

# 相続税は税の専門家である税理士でも難しい!?

相続税法の改正で、税理士事務所では相続税の相談が増えているそうです。しかし、すべての税理士が相続税に詳しいというわけでもないようです。

そもそも税理士は、会社の税金である法人税や消費税を扱うことが多く、個人を対象にした資産税を扱うことがあまりなかったようです。

税理士試験には必修科目と選択必修科目、選択科目があって、選択科目には、相続税法、消費税法または酒税法、国税徴収法、事業税または住民税、固定資産税とあり、この中から通常は2科目選択することになります（選択必修科目の法人税法、所得税法の両方を選んだときは1科目）。この選択科目に相続税法を選ばず、その後も相続税について勉強していない人は、相続税のことを聞かれても、焦るそうです。

このように税の専門家である税理士でも難しいと感じるほど、相続税は複雑なものです。したがって、素人がちょっとかじっただけで「節税した」と思っても、あとあと税務署から指摘されてしまうことがしばしばあるのです。

こんなデータがあります。相続税の場合、4件に1件の割合で税務調査が入るようですが、税務調査を受けた人のじつに8割が、何らかの不備を指摘されているそうです。素人判断で、「節税した」と思っても、あとで指摘されて余計な税金を払う羽目になる可能性が高いのです。なので、「節税」には専門家の意見を聞くようにしてください。

**弁護士**

法律全般のプロであり、行政書士、税理士の業務も行えます。オールマイティゆえ、他の「士」業よりも報酬が高いので、相続でもめたときなどに限り依頼するのが一般的です。

**司法書士**

基本的に不動産登記を中心とした依頼に応じます。税務については扱えません。

**行政書士**

他の士業の専門領域で、法律で制約されていない書類の作成をしてくれます。しかし、不動産登記は司法書士の仕事ですし、税務も扱えません。遺言書や遺産分割協議書の作成は可能です。

**税理士**

税金の専門家ですが、相続全般は扱えません。不動産登記、遺産分割協議書の作成は、上記の専門家の仕事になります。ただし、税理士は無試験で行政書士登録が可能ですので、行政書士登録をしている税理士なら、両方の業務ができます。しかし、司法書士や弁護士が扱う仕事領域では扱えないものもあります。

# 第2章

# 住宅

やっと家のローンを返済し終わるころに、今度は老朽化に対する修繕やバリアフリー化の必要にせまられ、リフォームという問題に直面します。では、終の棲家を得るために、知っておきたいこととは⁉

## トピックス③

# 高齢化社会のリフォーム

### 40代で一戸建てを購入すると60～70代には手入れが必要に

## 活性化するリフォーム市場

近年、わが国は「いい住宅を作って、手入れをして、長く使う」という考えを重視し、中古住宅やリフォーム市場の活性化に乗り出しはじめました。

現在、日本の全住宅流通量に占める中古住宅の流通シェアは、約13・5％です。シェアは拡大しつつありますが、依然として低い水準です。一方、少子高齢化が進行し、空き家の増加も社会問題となってきています。

国土交通省は、「中古住宅・リフォームトータルプラン」で、リフォーム市場の問題点として次の点を挙げました。

- 事業者選定に必要な情報の不足
- リフォーム工事費用のわかりにくさ
- リフォーム工事の質に対する不安
- リフォーム資金の調達における課題

### 【建て替えの理由】

『2012 年度戸建注文住宅の顧客実態調査』（一般社団法人 住宅生産団体連合）によると、だいたい築 35 年前後の戸建てが、建て替えられているようです。30 代後半～ 40 代で戸建てを購入し、35 年のローンを完済したころに、その家が古くなり、リフォームが必要になる……のでしょうか。

建て替え築年数平均

| | | | |
|---|---|---|---|
| 2008 年 | 33.0 年 | 2011 年 | 36.4 年 |
| 2009 年 | 34.0 年 | 2012 年 | 36.4 年 |
| 2010 年 | 34.3 年 | | |

『2012 年度戸建注文住宅の顧客実態調査』（一般社団法人 住宅生産団体連合）

**リフォームの動機**

1 位　老朽化していた　61.5%
2 位　生活の質を上げたかった　35.7%
3 位　家族が増減した　8.0%

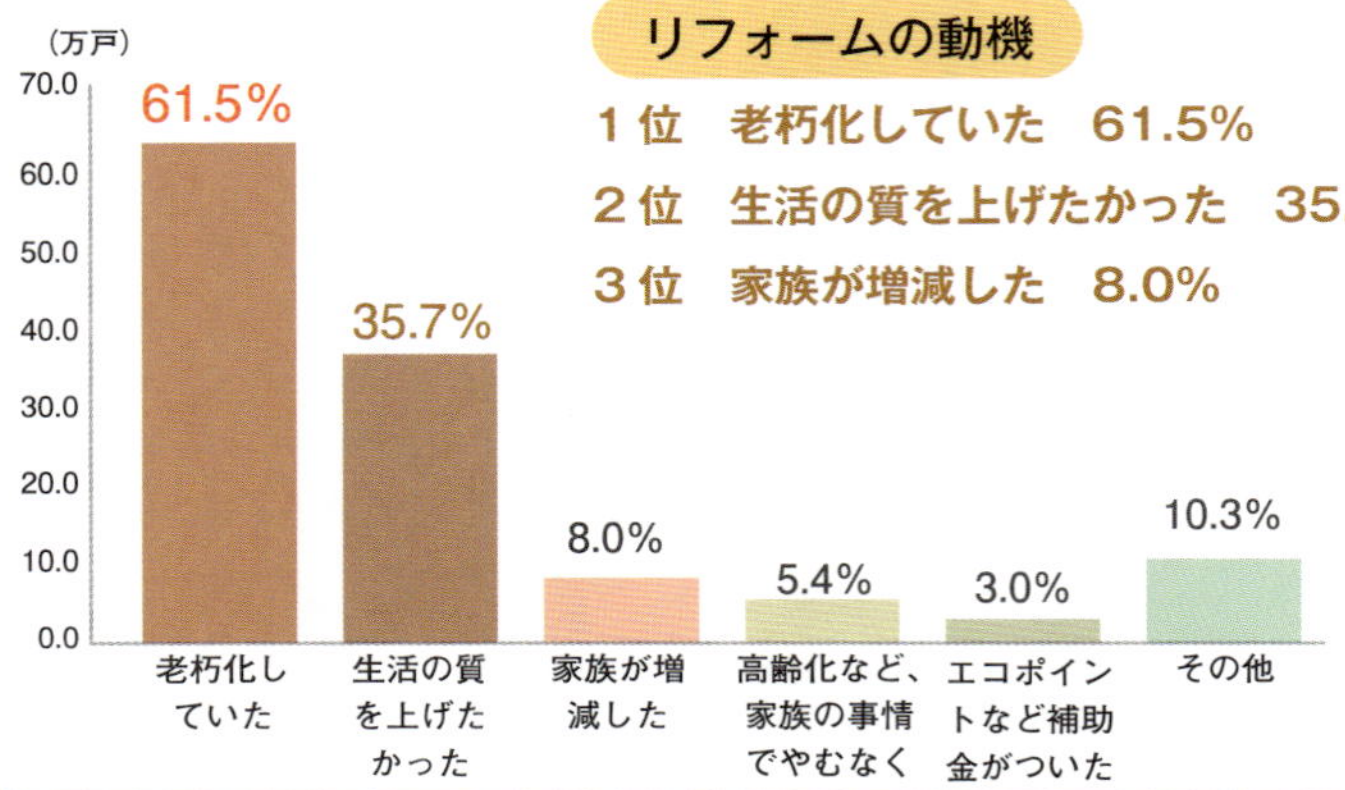


国土交通省「リフォーム工事における消費者サイドの調査結果」（2010 年 10 月実施）

## 【現存住宅流通の現状】

全住宅流通量（既存流通＋新築着工）に占める既存住宅は増加しつつあり、平成20年における既存住宅流通シェアは、約13・５％です。シェアは拡大してきていますが、欧米諸国と比較すると６分の１程度。日本の住宅の代替わり周期は約30年と、80～100年以上が一般的な欧米諸国と比べて圧倒的に短いことも特徴のひとつです。

### 既存住宅流通シェアの国際比較

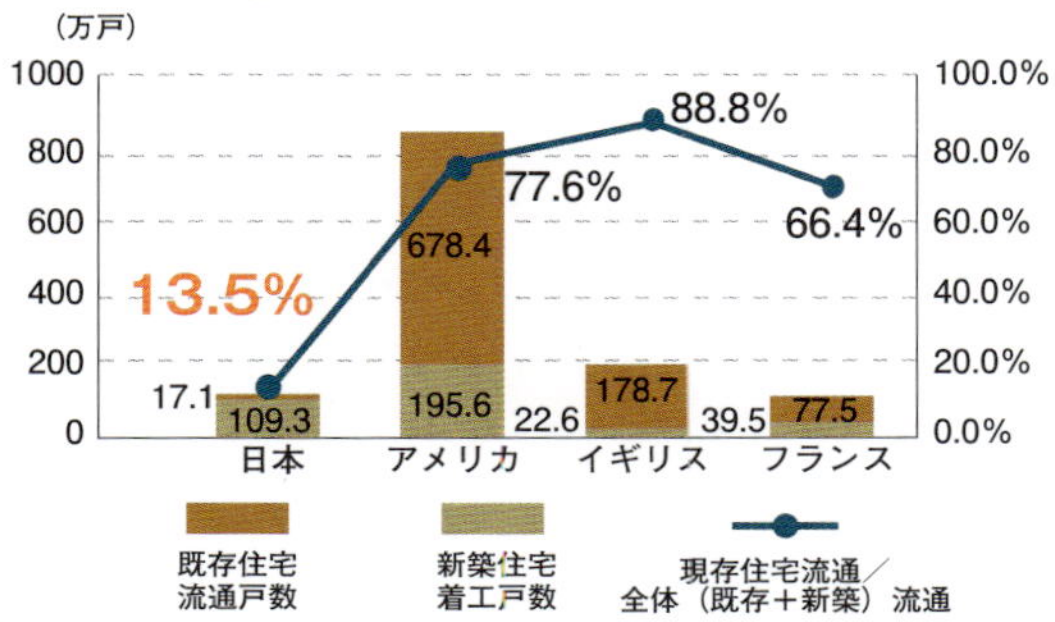


国土交通省「中古住宅流通、リフォーム市場の現状」

## 【中古住宅・リフォームトータルプラン】

国土交通省は、「新成長戦略」に盛り込まれた中古住宅・リフォーム市場整備の倍増という計画に対し、「中古住宅・リフォームトータルプラン」を策定しました。

なお、計画では、2020年（平成32年）までに、中古住宅流通、リフォーム市場の規模を倍の20兆円規模にすることが目標として定められています。

### リフォーム市場に掲げる改善点

**リフォーム工事費用のわかりにくさ**

公益財団法人住宅リフォーム・紛争処理支援センターが見積書チェックサービスを実施

**リフォーム工事の質に対する不安**

検査と工事に瑕疵があった場合に保証が受けられる「リフォーム瑕疵保険」

**リフォーム資金の調達における課題**

リフォーム費用をカバーするリフォームローンの拡充や、補助金や減税政策も用意

この中で、「リフォーム工事費用のわかりにくさ」については、「公益財団法人住宅リフォーム・紛争処理支援センター」が、実際の見積書の内容をチェックして、相談や助言を行う見積書チェックサービスを実施しています。

「リフォーム工事の質に対する不安」に対しては、書面による適切な契約を図り、第三者による検査と、工事に瑕疵《かし》があった場合に保証が受けられる「リフォーム瑕疵保険」を創設しました。

「リフォーム資金の調達における課題」については、リフォーム費用をカバーするリフォームローンの拡充や、リフォームローンを取り扱う金融機関の拡大が挙げられます。

そして、リフォームに関する補助金や減税政策も用意されています。たとえば、

- **バリアフリーリフォーム**
- **省エネリフォーム**
- **耐震リフォーム**

この3つのリフォームに関しては、条件が合えば補助金や減税措置が受けられます。

このような国の援助が充実してきた今、わが家を終《つい》の棲家《すみか》へと変えるリフォームのチャンスなのです。

バリアフリーリフォームの基礎知識

# バリアフリーリフォームに介護保険が利用できる？

## 老後の生活のために リフォームの計画を

**加齢による身体の変化に適したリフォームをするためには、事前にしっかりとした計画を立てることが大事になってきます。**

## 主な修繕ポイントは5つ

バリアフリーリフォームで住みやすいわが家にすることは、快適で安全な老後には不可欠です。いろいろな修繕箇所のポイントがありますので、整理してみましょう。

### ①段差をなくす

転倒防止だけでなく、車椅子が通りやすくすることがバリアフリーの第一歩です。

### ②手すりを取りつける

階段や浴室、トイレなど、立ち上がったりする場所には手すりがあると、楽にできます。また、廊下や玄関にも手すりを取りつけると便利です。

### ③ドアを引き戸に変更

車椅子に乗っていると、ドアを手前に引くときにドアが開けられずに苦労します。引き戸にするとスムーズに出入りができます。

### ④滑りにくい床

廊下や階段のほか、浴室、玄関などの床も、滑りにくい素材を使用することがポイントです。フットライトなどで足元を明るくするのも事故防止につながります。

### ⑤ヒートショック対策

浴室や脱衣室など、寒暖の差が激しい場所を行き来すると、脳梗塞や心臓マヒを引き起こすこともあります。そのような温度差をできるだけ少なくすることが大切です。

## 補助金をもらうための要件 介護保険の適用も

要支援または要介護1～5と認定された在宅の人は、住宅改修が必要な場合、一生涯で20万円を限度に工事費の9割の補助が受けられます。ただし、改修内容には条件があるので、必ず事前にケアマネジャーなどに相談しましょう。また、独自に補助金制度を設けている自治体もあります。調べてみましょう。

高齢者向けの融資制度は、住宅金融支援機構が行っています。満60歳以上が対象で、バリアフリー化や耐震化のリフォームが条件です。融資限度額が１０００万円と高額なのも特徴です。

### 【バリアフリーリフォームの支給対象となる工事】

**段差の解消**

敷居を低くする、スロープを取りつける、浴室の床のかさ上げ工事

**手すりの取りつけ**

二段式、縦つけ、横つけなどのタイプ

**開けやすいドア**

引き戸、アコーディオンカーテンなどのドア全体の取り替え、ドアノブの交換

**滑りにくい床**

タイル張りの床から、浴室用床シートを貼ることにより、滑りにくくする

**トイレの改修**

便器の取り替え
ウオシュレット
室内暖房・昇降便座の設置

**安全で快適なわが家にするにはバリアフリーリフォームが必要不可欠です。**

**ポイント!**

- バリアフリー化や省エネ、耐震化のリフォームには補助金が出る
- 補助金、優遇税制の活用で費用を抑えよう

## バリアフリーリフォームの補助金を受ける条件

要介護認定で「要支援・要介護」と認定されていること

改修する住宅の住所が被保険者証の住所と同一で、本人が実際に居住していること

バリアフリーリフォームで助成金

# バリアフリーリフォームの補助金や減税制度

## 工事費の9割が支給される

補助金は、介護保険の適用を受けている高齢者がいる場合に、段差の解消や手すりの設置などのリフォーム工事について、上限を20万円として工事費の9割が支給されます。詳しいことはケアマネジャーなどに確認してください。

減税制度は、「所得税の控除」と、「固定資産税の減額」の2種類があります。これらの制度の適用を受けるには、それぞれ条件があります。

## バリアフリーリフォーム投資型減税

「所得税の控除」は、「バリアフリーリフォーム投資型減税」と呼ばれています。これは期間が決まっていて、改修後の居住開始日が平成21年4月1日から平成31年6月30日までが対象となります。「対象となる工事」や「住宅等の要件」は**図1**のとおりです。

すべての要件を満たしていれば、所得税から最大で20万円の控除が受けられます。控除は、バリアフリー改修工事を行った翌年に確定申告をすることで適用されます。

ただし、所得税額より控除額が多い場合は、所得税額が上限となります。この制度は、住宅ローンの借り入れの有無にかかわらず利用が可能となっています。また、他のリフォームによる所得税減税と併せて利用できる場合もあります。

また、この控除額の上限20万円を超える工事や介護保険の対象とならない工事については、独自に補助金を支給している自治体があります。だいたい30万～50万円ぐらいです。お住まいの自治体に確認してください。

## 固定資産税の減額

バリアフリーリフォームの「固定資産税の減額」も、一定の要件があります（**図2**）。控除額は、家屋の固定資産税額の3分の1になります。ただし、1戸あたりの家屋面積は、１００㎡相当分までです。

バリアフリー改修工事完了後、3カ月以内に改修工事内容が確認できる書類等を添付して各市区町村に申請すると固定資産税の減額を受けることができます。

減税期間は1年間で、工事完了年の翌年度分です。改修を行う時期ですが、平成25年1月1日から平成28年3月31日までとなっています。

なお、省エネリフォームの「固定資産税の減額」と併用することができます。

### 【図１：所得税の控除の対象となる工事、住宅等の要件】

**●対象となる工事**

1．次の①～⑧のいずれかに該当するバリアフリー改修工事であること

①通路等の拡幅　②階段の勾配の緩和　③浴室改良　④便所改良
⑤手すりの取りつけ　⑥段差の解消　⑦出入り口の戸の改良
⑧滑りにくい床材への取り替え

2．バリアフリー改修の標準的な工事費用相当額から補助金などを控除した額が50万円超（税込）であること

3．居住部分の工事費が、改修工事全体の費用の２分の１以上であること

**●住宅等の要件**

1．次の①～④のいずれかを自ら所有し、居住する住宅であること

①50歳以上の者　②要介護または要支援の認定を受けている者
③障害のある人　④65歳以上の親族または②もしくは③に該当する親族のいずれかと同居している者

2．床面積の２分の１以上が居住用であること

3．改修工事完了後６カ月以内に入居すること

4．改修工事後の床面積が50㎡以上であること

**ポイント！**

◎介護保険の認定者が対象となる

◎複数の減税を併用することができる場合も

### 【図２：固定資産税の減額の適用要件】

**●対象となる工事**

1．次のいずれかに該当する者が居住していること

①65歳以上の者　②障害のある人
③要介護または要支援の認定を受けている者

2．一定のバリアフリー改修工事が次のいずれかに該当すること

①通路等の拡幅　②階段の勾配の緩和
③浴室改良　④便所改良　⑤手すりの取りつけ
⑥段差の解消　⑦出入り口の戸の改良
⑧滑りにくい床材への取り替え

3．対象となる特定改修工事にかかる工事費用が50万円超であること

省エネ
リフォームで
助成金

# 省エネリフォームの補助金、優遇措置

## 環境に優しい省エネリフォーム

省エネリフォームも、バリアフリーリフォームと同様に補助金や税制面で優遇措置がとられています。

税制面での優遇措置は、「**所得税の控除**」が受けられる「**省エネリフォームの投資型減税**」と、「**固定資産税の減額**」の２種類があります。

## 自ら所有し住んでいる住宅の省エネリフォーム

「所得税の控除」は、「省エネリフォームの投資型減税」と呼ばれています。これは期間が決まっていて、改修後の居住開始日が平成21年4月1日から平成29年12月31日までです。「対象となる工事」や「住宅等の要件」は**図２**のとおりです。

たとえば、太陽光発電システム、$CO_2$冷却ヒートポンプ給湯器、家庭用燃料電池システム、ガス発電給湯器などの設置も対象となりますが、基準はそれぞれの自治体で違いますので、お住まいの自治体かリフォーム会社に確認してください。

## 住宅の固定資産税が減額される省エネリフォーム

省エネリフォームの「固定資産税の減額」は、工事を行った住宅の翌年度分の固定資産税額が1年間、3分の1減額されます。工事費用が50万円超であること、賃貸住宅ではないことなどが要件となっています。また、1戸あたりの家屋面積は、120㎡相当分までが対象となる工事です（**図３**）。

省エネ改修工事完了後、3カ月以内に改修工事内容が確認できる書類等を添付して市区町村に申請すると、固定資産税の減額を受けることができます。減税期間は1年間で、工事完了年の翌年度分です。改修を行う時期ですが、平成25年1月1日から平成28年3月31日までとなっています。なお、バリアフリーリフォームの「固定資産税の減額」と併用できます。

**【図１：所得税の控除額について】**

**控除期間**

**1年**

（改修後、居住を開始した年分のみ適用）

**控除対象限度額**

**250万円**

（併せて太陽光発電設備を設置する場合は
**350万円**）

（平成26年4月1日～平成29年12月31日まで）

＊１ 「国土交通大臣が定める一般省エネ改修工事の標準的な費用の額－補助金＊２」の金額が対象（ただし、消費税が8%又は10%の消費税額等でない場合は200万円。併せて太陽光発電設備を設置する場合は300万円）

＊２ 国または地方公共団体から交付される補助金またはその他これらに準じるもの

**控除率**

控除対象額の **10%**

## 【図２：省エネリフォームの投資型減税の対象となる工事、住宅等の要件】

### ●対象となる工事

1．次に該当する省エネ改修工事であること

① すべての居室の窓全部の断熱改修工事
② 床の断熱改修工事、天井の断熱改修工事、壁の断熱改修工事
③ 太陽光発電設備設置工事
④ 高効率空調機設置工事、高効率給湯器設置工事、太陽熱利用システム設置工事

＊①の改修工事または①と併せて行う②③④の改修工事のいずれか（①は必須）

2．省エネ改修部位がいずれも平成25年省エネ基準相当に新たに適合すること

3．省エネ改修の標準的な工事費用相当額から補助金等を控除した額が50万円超（税込）であること

4．居住部分の工事費が改修工事全体の費用の２分の１以上であること

### ●住宅等の要件

① 自ら所有し、居住する住宅であること
② 床面積の２分の１以上が居住用であること
③ 改修工事完了後６カ月以内に入居すること
④ 改修工事後の床面積が50㎡以上であること

**ポイント！**

●省エネリフォームへの補助は、自治体によって基準が異なる

●他の減税制度と併用できる場合もある

## 【図３：固定資産税の減額の対象となる工事】

### ●対象となる工事

1．省エネ改修工事が次の要件のいずれかに当てはまること

① 窓の改修工事
② ①の工事と併せて行う床の断熱工事、天井の断熱工事、壁の断熱工事

2．省エネ改修部位がいずれも平成25年省エネ基準相当に新たに適合すること

3．対象となる特定改修工事にかかる工事費用が50万円超であること

### 【固定資産税の減額を受ける手続き】

省エネ改修工事完了後、３カ月以内に改修工事内容が確認できる書類等を添付して市区町村に申請すると、固定資産税の減額を受けることができます。

リフォームへの対策

# 計画を練って、失敗しないリフォームを

## 家族の意見も取り入れて計画を

失敗しないリフォームをするためには、事前の計画が重要です。どこをどうリフォームするのか、具体的に考えを整理しておかないと先には進めません。同居している家族の意見もまとめる必要があります。

## 1回にまとめて行う

リフォームは小刻みに何度もやるよりは、1回にまとめて行ったほうが得策です。長年住んでいると、建物自体にも修繕が必要となり、そのときは大規模なリフォームになるからです。では、建築後どのぐらいの期間で修繕が必要となるのでしょうか。各部分のおおよその目安は次のようです。

屋根材……………築25～30年で葺き替え
外　壁……………築25～30年で張り替え
バルコニー………築25～30年で交換
ステンレスキッチン…築15～20年で交換
フローリング……築15～25年で張り替え
トイレの便器……築10～15年で取り替え
ユニットバス……築15～20年で交換

これらの修繕を行うタイミングで、バリアフリーリフォームなども一緒にやってしまうのが、費用面でも効果的です。

## バリアフリーリフォームのポイント

わが家を終の棲家にするためには、バリアフリーリフォームは欠かせません。将来のことを考えて、次のようなポイントをおさえておきましょう。

- 手すりの設置
- 段差の解消
- ヒートショックの解消
- 暗い場所を明るくする
- 狭い場所を広くする
- 扉を引き戸にする

バリアフリーリフォームで忘れがちなのが、暗い場所を明るくすることです。足元が暗いと、つまずきや転倒の原因となります。照明を増やすなどの対策を立てましょう。さらに、車椅子が通れるように狭いところを広くし、扉を引き戸にする必要があります。バリアフリーリフォームは、基本的に車椅子を用いることを前提にして行うことが多いのです。

ヒートショックの解消は、浴室換気暖房乾燥機などの暖房設備の導入や、断熱材などの増加で対応することができます。

## 【浴室のバリアフリーリフォームの例】

① 古い家だと浴室に段差があることがよく見受けられます。入浴の際のつまずきや転倒を防ぐため、床を平らにして段差をなくす必要があります。

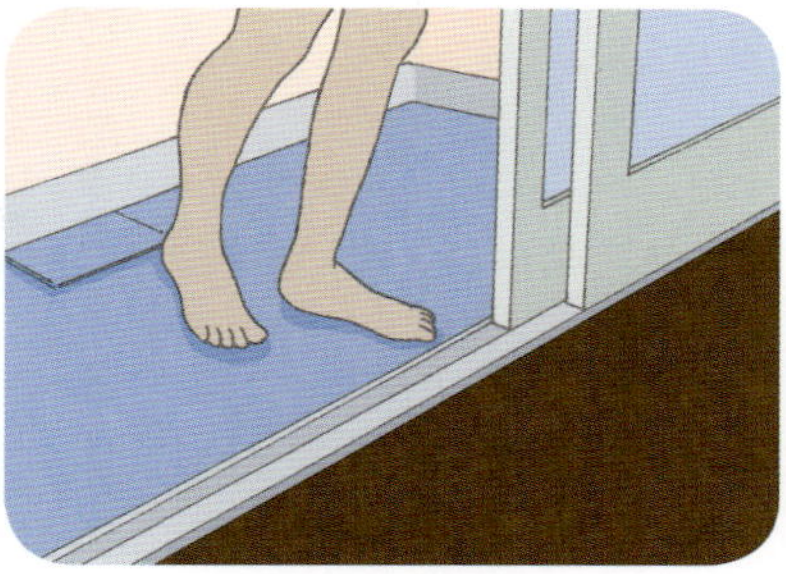

② 扉は、車椅子でも対応できる引き戸に変更します。

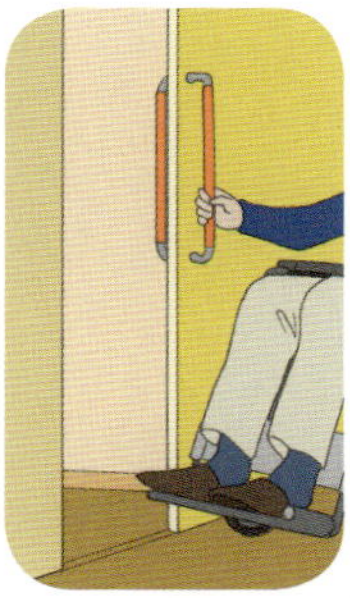

③ ガラスは割れると危険なので、使用しないか、安全ガラスにします。

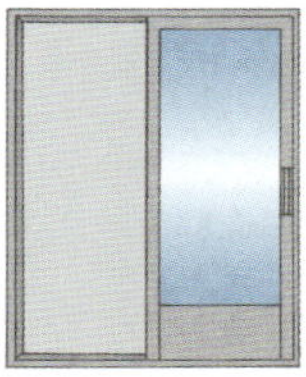

④ 浴槽に入ったり出たりするときに、手すりがあると楽なうえ、バランスを崩して転倒することも防げます。手すりは、扉付近にも設置しておきます。

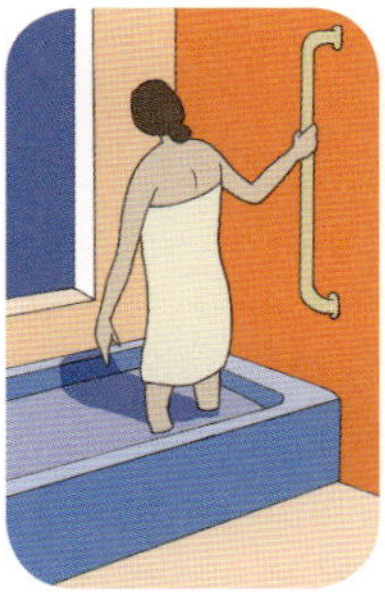

⑤ 浴室の床の材質を滑りにくいものにするため、床の張り替えを行います。

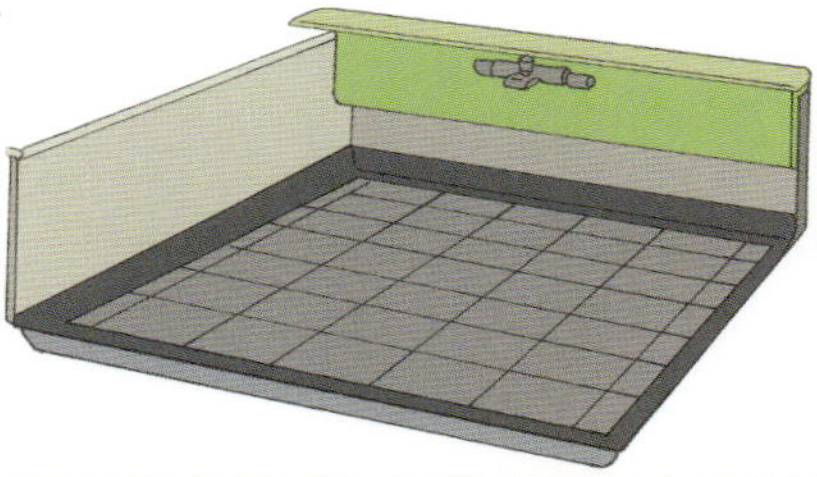

**ポイント!**

- リフォームはまとめて行うほうがお得
- リフォームの内容によっては、補助金が受けられる

リフォームの費用

# リフォームのおおよその費用を知ろう

## 見積もりをもらう

具体的なリフォーム案がまとまったら、おおよその予算を決めます。

リフォームの費用は、個々の住宅の状況によっても変わってきます。具体的な金額は、リフォーム会社に見積もりを出してもらいます。また、これぐらいのことをやるといくらかかる、という目安も知っておきましょう。

## リフォームまでの流れ

予算の目安もイメージでき、リフォームの計画がまとまれば、いよいよリフォーム会社の選定と契約、そして工事となります。

まず見積もりを依頼するわけですが、その前に、リフォームをする住まいを調査してもらいます。マンションの場合は、管理規約による制約がありますので、リフォーム会社に管理規約も伝えます。相見積もりは3社ぐらいが適当かもしれません。

実際に工事を始めてみたら、さらに追加の工事が必要だと判明するケースもあります。その場合の対処法も相談しておきましょう。見積もりを比較して業者が決まったら、いよいよ契約して工事に入ります。

リフォーム代金は、3回くらいに分けて支払うことが多いですが、支払いのタイミングは会社によって違ってきます。

また、工事期間中に仮住まいが必要なら、仮住まい先の家賃や引っ越し費用も計算に入れておきましょう。着工前に近所へ挨拶に行くときの手土産や、現場の職人さんへの差し入れなどの費用も忘れずに考慮しましょう。

【見積もりからリフォームの流れ】

1. 相談
2. 現地調査
3. プラン作成
4. 相見積もり（3社）
5. 追加工事の有無を確認
6. 1社に決めて契約
7. 仮住まいへの引っ越しが必要なら引っ越す
8. 引き渡し

## 【リフォームの具体例】

L型システムキッチンの取り替え
……約79万8,000～約100万円

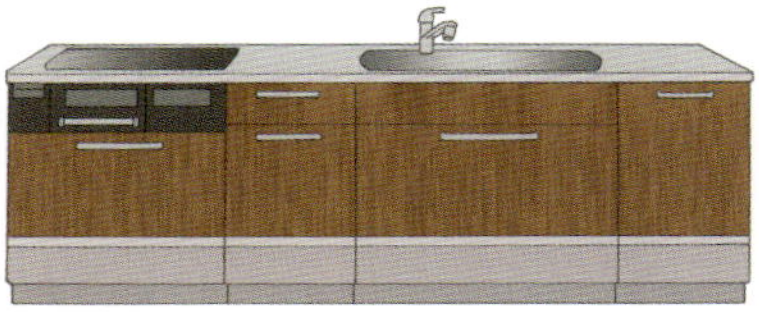

屋根をカバー工法で葺き替える
（面積：89㎡の場合）
……約117万～約169万円

ユニットバスの取り替え（サイズ：1216、マンションを想定）
……約57万～約73万円

＊サイズ1216……
1200mm × 1600mm
（0.75坪）

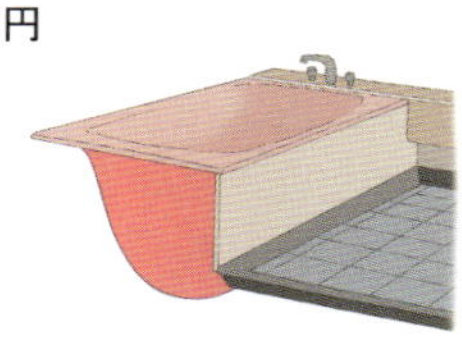

便器の取り替え
（排便管の移動なし、マンションを想定）
……約23万～約29万円

（公益財団法人住宅リフォーム・紛争処理支援センターのホームページより）

浴室に手すりを取りつける
……約３万4,000円

片開きドアを引き戸にする
……約８万3,000～約11万4,000円

和室（６畳）をフローリングの洋室にする
……約99万～約131万円

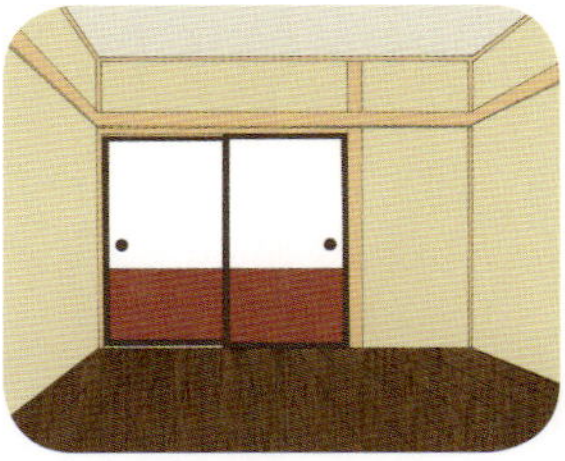

段差を解消（開き戸の敷居撤去）……約２万2,000円
段差を解消（引違い戸の敷居撤去）……約３万5,000円

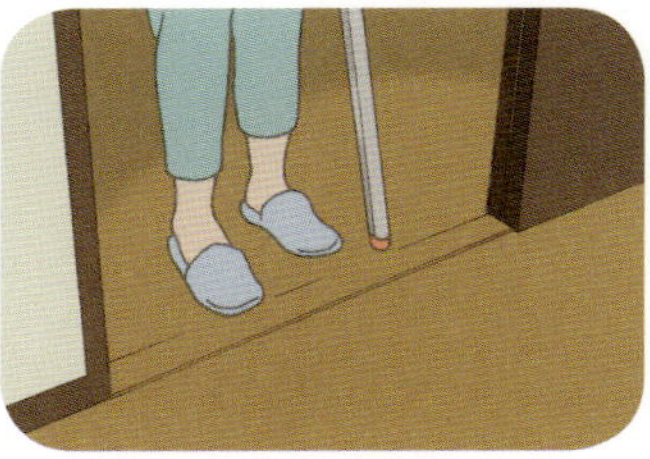

**ポイント！**

- 追加工事の必要が判明するケースがある
- リフォーム費用以外にかかる雑費も計算しておこう

# 住宅Q&A

人生の目標だったわが家。手に入れたはいいけれど、
ローン完済の頃に、今度はリフォーム!?

## Q 見積もりの注意点はありますか？

リフォームを考えています。そこでいくつかの業者に見積もりを頼んで、比較しようと考えています。見るべきポイントやトラブルを避けるための注意点はありますか？

## A 見積もりの前提を同じにしましょう

複数の業者に見積もりを頼んで比較するときには、工事の前提をどの業者も同じにして見積もりを依頼することです。よくあるのは、見積もりを依頼した業者が、それぞれ別々の工事範囲や工事内容で金額を出してくることです。金額だけを比較して安いと思ったら、必要な工事が見積もりに入っていなくて、結局高くついたという話もよくあります。単純に金額だけを比較しないで、工事の範囲や工事の内容が自分の要求するものを満たしているか、よく検討してみる必要があります。

## Q バルコニーにシンクをつけたいのですが

マンションに住んでいますが、バルコニーをリフォームしたいと思いました。しかし、バルコニーは共有部分だからできないと言われました。バルコニーにシンクをつけるだけで、特に外観を損なうわけではないので、どうも納得がいきません。なんとかできないのでしょうか。

## A 避難の邪魔になるかもしれません

バルコニーが共有になっているのは、外観の問題だけでなく、災害のときの避難経路になっているからです。

消防法の面から余計なものを設置するわけにはいかないのではないでしょうか。

## Q 耐震リフォームの助成金とは？

耐震リフォームをすると助成金が出ると聞いたのですが、どのような制度になるのでしょうか？

## A 自治体によって内容が違います

現行の耐震基準に適合しない住宅が「耐震診断」や「耐震工事」などを行うことに対して、補助金を支給している自治体が多くあります。条件や支給される金額は、お住まいの自治体にお問い合わせください。

また、耐震リフォームには、減税制度もあります。「所得税の控除」である「耐震リフォームの投資型減税」と「固定資産税の減額」です。耐震リフォームの投資型減税は、最大で 25 万円の控除になります。固定資産税の減額は、家屋の固定資産税の税額の2分の1が控除されます。ただし、1戸あたりの家屋面積は、120㎡相当分までです。

**●耐震リフォームの投資型減税の条件**

1．**対象となる工事**

現行の耐震基準に適合させるための工事であること

2．**住宅等の条件**

① 自ら居住する住宅であること

② 昭和 56 年5月 31 日以前に建築されたものであること

＊改修を行う時期は、平成 26 年4月1日～平成 29 年 12 月 31 日です。

## Q 手抜き工事が心配です

業者に手抜きをされないか心配です。どんな対処法がありますか？

## A そのための保険、検査があります

リフォーム工事で欠陥が見つかったときに、修理費用を保険金でカバーするリフォーム瑕疵保険があります。施工中や工事完了後に、第三者である建築士などの検査員が検査するので、安心できます。

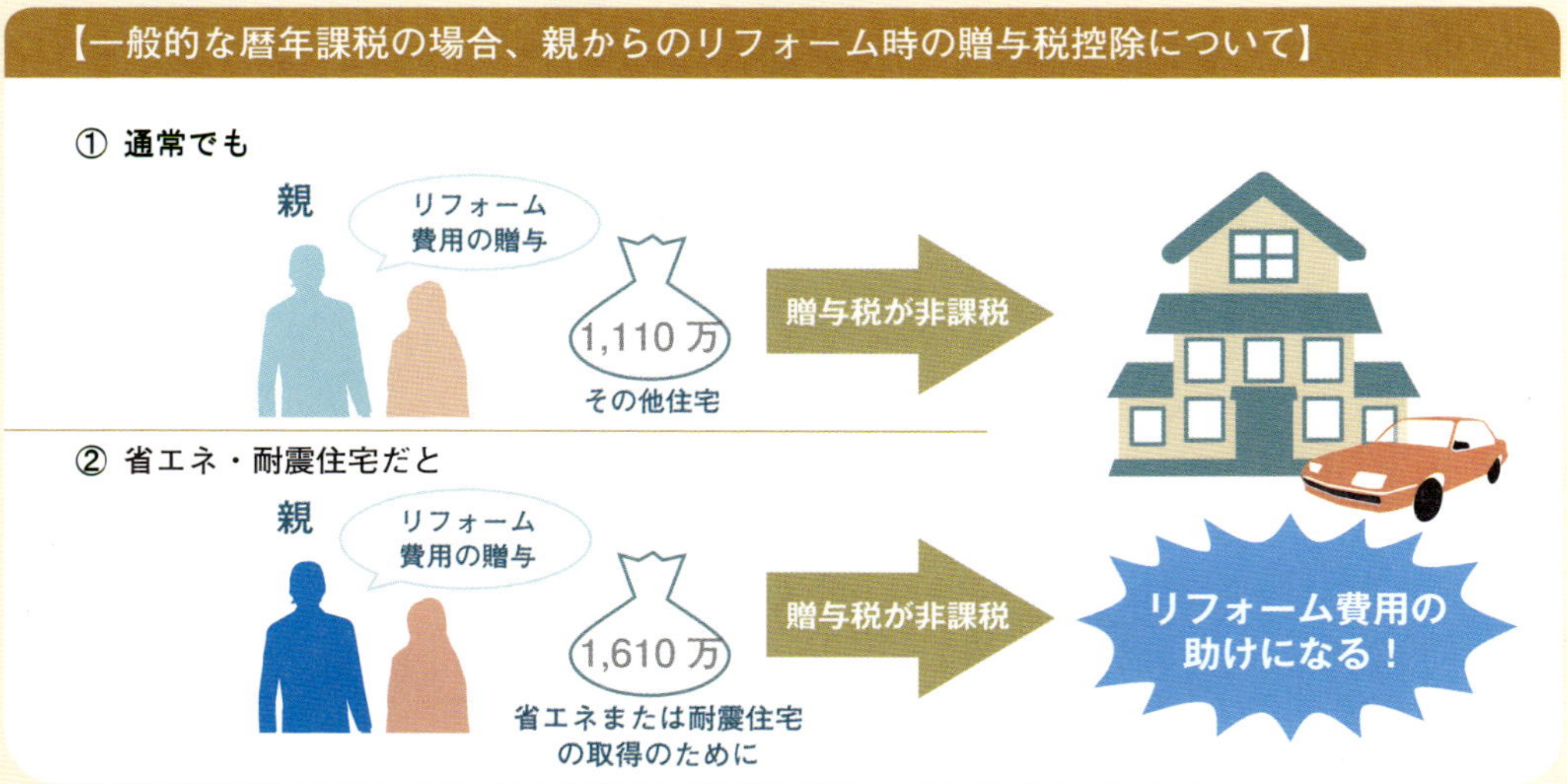


# 親からリフォーム費用をもらうとお得？

一度リフォームを決意すると、あれもやりたい、これもやりたい、と欲が出てきて、いつの間にか予算オーバーとなることがあります。「この際だから、家の不具合を全部直してしまおう」「どうせリフォームするならバリアフリーに」などと考えると、予算もどんどん膨らんでいくのです。

そんな資金不足を補う方法として、親からの贈与の活用と、住宅ローンの利用を検討してみてはどうでしょうか。

親からリフォーム費用を贈与してもらうと、１１１０万円までは贈与税が非課税になるのは、ご存じでしょうか? 通常は、年間１１０万円を超える贈与には、贈与税がかかるのですが、それがリフォームのためとなると免除されるのは、かなりメリットがあります。

また、親の財産が多くて相続税がかかる場合、贈与して相続財産を減らしておけば、相続税が発生したときに、課税額が軽減されることもあります。平成27年は、住宅取得の契約をする場合に、１１０万円の基礎控除と合わせると、１１１０万円まで非課税となる予定です（＊）。また、省エネまたは耐震住宅など一定の基準を満たすリフォームなら、非課税の枠が１６１０万円まで拡大します。

リフォームでも、住宅ローンを使うことができます。住宅ローンなら、低い金利で長い期間借りられます。ただし、抵当権を設定することが要求されます。

他には、リフォームローンが各金融機関で設定されています。無担保で借りられるのはいいのですが、返済期間が短かったり、金利が高かったりしますので、あまり大きな金額を借りると家計の負担になってきます。

リフォームは、満足のいくものにしたいと考えると、家を購入するときと同じくらいの出費が必要になりますので、その資金の捻出方法はよく考えておくべきです。

＊適用条件……贈与を受ける子どもが20歳以上でその年の所得が２０００万円以下。リフォームの入居日が贈与を受けた日の翌年の3月15日まで。

# 第3章

# 介護

50歳を越えると、そろそろ年老いた親の介護や老人ホームのことが気になってきます。また、40歳から払いはじめた介護保険は、どう活用できるのでしょうか。正しい知識を身につけておきましょう。

第③章 介護

トピックス④

# 増え続ける高齢者の出費

人生のゴールをどんなふうに迎えたいのか!?

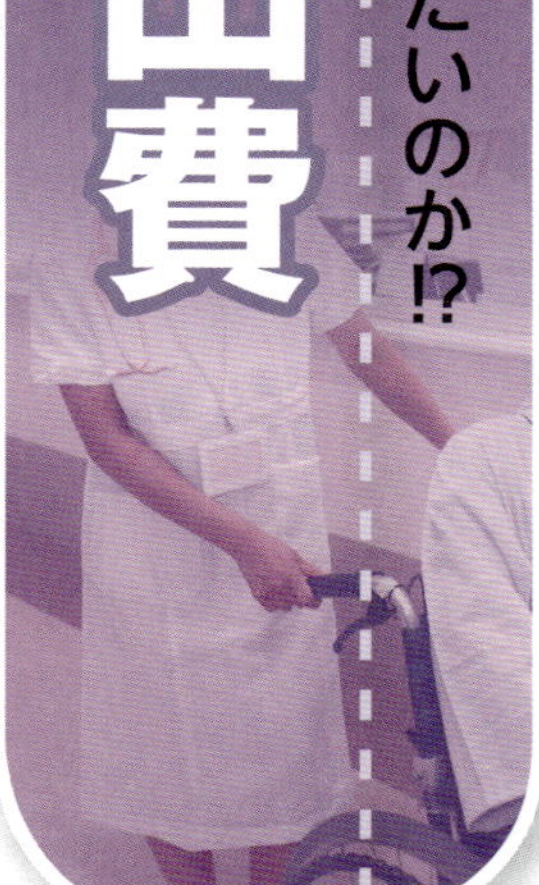

## もはや負担増は避けられない

平成37年には、日本の全人口の中で、65歳以上の高齢者が占める割合が3人に1人になると予測されています。平成26年の時点でもすでに4人に1人という割合になっています。支える若者が減少する中、増え続ける高齢者の未来は、どうなるのでしょうか。

介護保険が平成12年から実施され、15年が経過しました。介護サービスを利用する人は、年々増加の一途をたどっています。

施設サービスと在宅サービスの割合ですが、平成17年4月の時点で、施設サービスは78万人、在宅サービスは251万人と、在宅サービスが施設サービスの3倍以上となっていました。

今回の改正では、年金収入280万円以上の人は自己負担がこれまでの1割から

【今回の改正のポイント① 介護保険の利用料の自己負担額】

介護保険の利用者負担の利用料は
今までは一律1割負担だったが

平成27年8月より

**年金収入280万円以上の人には**

**自己負担が2割になる**

特別介護老人ホーム
入居者の5%

在宅サービス
利用者の15%

被保険者の上位20%が該当します

【今回の改正のポイント② 高額介護サービスの引き上げ】

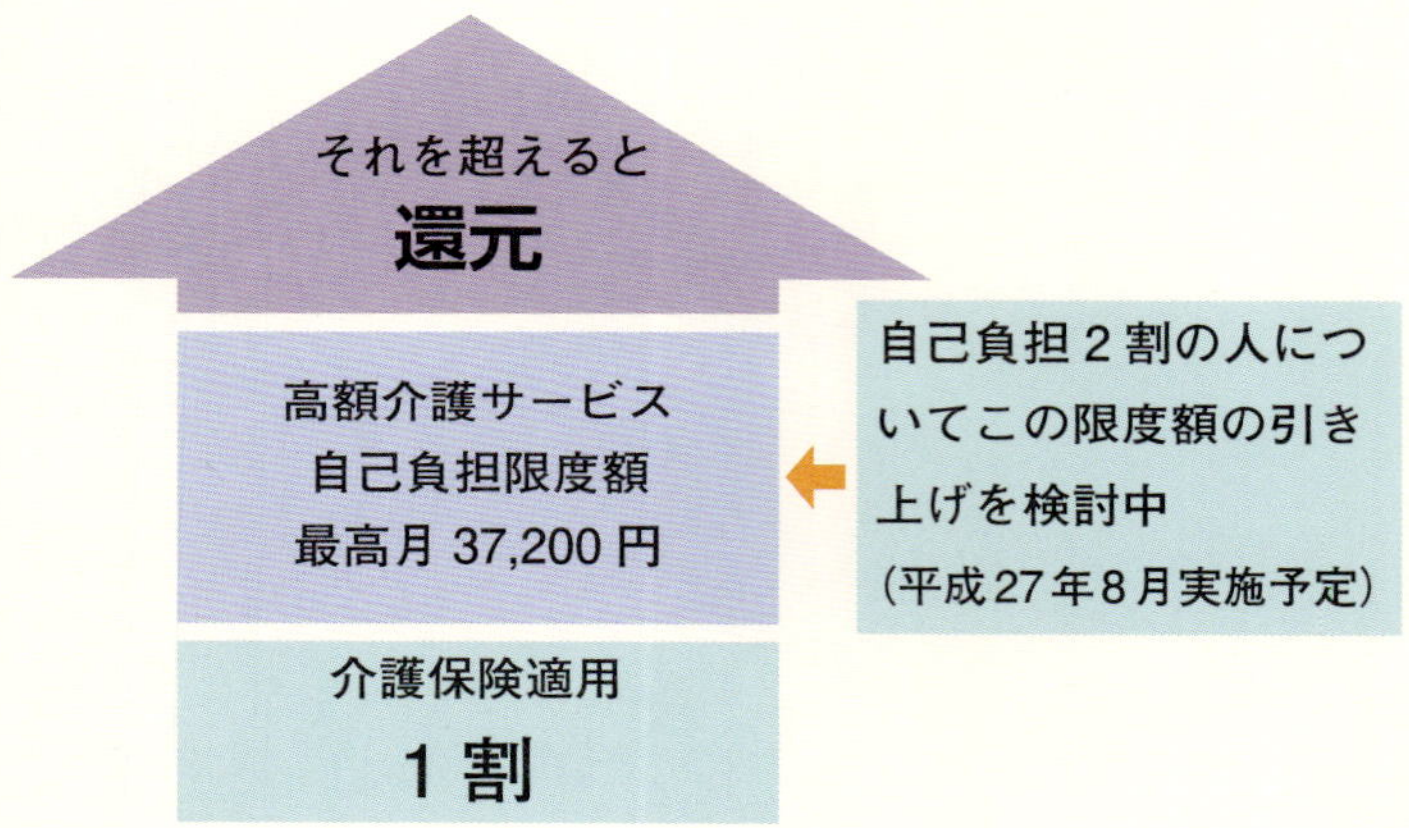

## 【今回の改正のポイント③ 65歳以上の高齢者が支払う介護保険料の軽減】

**低所得者の保険料は、基準額より段階的に軽減するしくみがあります。**

<table>
<tr><th colspan="3">介護保険が軽減する人と軽減率</th></tr>
<tr><th></th><th>平成27年３月末までの保険料</th><th>平成27年４月以降の保険料</th></tr>
<tr><td>生活保護被保護者、世帯全員が市町村民税の老齢福祉年金受給者等</td><td rowspan="2">基準額× 50%</td><td rowspan="2">基準額× 30%</td></tr>
<tr><td>世帯全員が市町村民税非課税かつ本人年金収入等80万円以下等</td></tr>
<tr><td>世帯全員が市町村民税非課税かつ本人年金収入等80万円超120万円以下</td><td>基準額× 75%</td><td>基準額× 50%</td></tr>
<tr><td>世帯全員が市町村民税非課税かつ本人年金収入等120万円超等</td><td>基準額× 75%</td><td>基準額× 70%</td></tr>
</table>

＊保険料基準額は市区町村により異なるが、全国平均は月額4,972円

厚生労働省老健局「1．介護保険制度の改正案について」（平成26年２月）より

## 【現行の自己負担額の詳細と改正項目】

<table>
<tr><th colspan="3">高額介護サービス費の自己負担限度額</th></tr>
<tr><th colspan="2">区分</th><th>月単位の上限額</th></tr>
<tr><td>第１段階</td><td>世帯全員が市町村民税非課税で、かつ老齢福祉年金または生活保護受給者</td><td>15,000円</td></tr>
<tr><td>第２段階</td><td>世帯全員が市町村民税非課税で、合計所得金額と課税年金収入の合計が80万円</td><td>15,000円</td></tr>
<tr><td>第３段階</td><td>世帯全員が市町村民税非課税で、利用者負担第２段階に該当しない人</td><td>24,600円</td></tr>
<tr><td>第４段階</td><td>上記以外の人</td><td>37,200円</td></tr>
</table>

＊ 上図は現行。限度額は、高額療養費の自己負担なみに高くなる予定

**介護保険も費用負担の公平化に向けて次のような見直しが進んでいます。**

・利用時の自己負担割合を年間の年収が単独で280万円以上（夫婦世帯で359万円以上）の人に限り２割（現行１割）に引き上げ
・介護施設に入所する低所得者への食費や居住費の補助給付を縮小
・65歳以上の保険料の区分を６段階から９段階に細分化
・低所得世帯の高齢者の保険料減額を70%（現行50%）に拡大

２割になることが注目を集めています。年金収入が２８０万円以上の人は、被保険者の上位20％に該当します。厚生労働省の試算では、在宅サービスの利用者で約15％、特別養護老人ホームの入居者では約５％が、２割負担になるとみています。各種在宅サービスも、費用負担が増えてきています。

また、「高額介護サービス費」ですが、公的医療保険における「高額療養費制度」と同じく、所得に応じて1カ月の自己負担限度額を決めておき、それを超えると払い戻される制度です。今回の改正で、「高額介護サービス費」の自己負担限度額が引き上げられる予定です。

一方、高齢者の負担増だけが今回の改正点ではありません。低所得の高齢者には、介護保険料の軽減拡大が図られています。65歳以上の高齢者が支払う介護保険料は、自治体によって違いますが、全国平均で月額４９７２円です。低所得の高齢者は、段階的に軽減されていきますが、この軽減率が平成27年4月から拡大されました。軽減の対象になる人は、世帯全員の市町村民税が非課税か、本人が非課税であることが条件となります。

介護保険のしくみ

# 介護保険のサービスを受ける、依頼する

## 介護する・介護される両方の視点を

**介護保険は、自分が介護を受けるときだけお世話になるのではありません。自分が高齢者になっても、さらに年老いた親を介護しなくてはならないケースも数多くみられます。**

## 知っておくべき要支援と要介護の違い

介護保険は、40歳以上になると保険料を支払うことになるので、その名称はなじみがあるのですが、介護サービスを受けるという点ではいまひとつよくわからないのではないでしょうか。要介護認定を受けると、保険料を支払う側から、介護サービスを受ける側になります。

要介護認定は、大きく「要支援」と「要介護」に分かれ、全部で7段階に区分されています。

- **要支援1、2……介護予防サービスが受けられる。**
- **要介護1、2、3、4、5……在宅サービスや施設サービスが受けられる。**

ここでわかるように、要支援では予防サービスになり、本格的な支援を受けられるのは、要介護の状態からとなります。

## 介護認定には、症状を主治医に的確に伝えることが大切

介護サービスを受ける具体的な手順ですが、まず市区町村に、「介護保険要介護認定申請書」を提出します。すると、市区町村の認定調査員が自宅や病院にやってきて訪問調査を始めます。それが終わるとコンピュータによる一次判定を行います。それに主治医の意見書と合わせて、介護認定審査会で二次判定を行い、認定結果が通知されます。結果が出るまで、申請から約1カ月かかります。

介護認定は、病気やケガが重いか軽いかではなく、介護の必要性が大きいか小さいかで判断されます。ここでポイントになるのは、主治医の意見書だといわれています。身体の自由がきかないのに、我慢して大丈夫と答えていると、適切な判定が行われないこともあります。また、高齢者でなくても40歳以上なら、病気やケガで要介護認定を受ければ、介護サービスを利用できます。

介護サービスの開始は、本人または家族などが市区町村に申請しなければなりません。知らないで損をしたということがないようにしたいものです。

要介護認定を受けたあとは、ケアマネジャーとともに、ケアプランの作成に入ります。

## 【要介護認定】

| 要支援・要介護の目安 | | |
|---|---|---|
| 要支援 1 | 日常生活上の基本動作を自分で行うことが可能だが、掃除などの身の回りの世話の一部に介護が必要 | 介護予防サービスが受けられる |
| 要支援 2 | 要支援 1 の状態から日常生活動作の能力が低下し、何らかの支援または部分的な介護が必要な状態 | |
| 要介護 1 | 日常生活はほとんど自分でできるが、身の回りの世話に何らかの介護が必要 | 在宅サービスや施設サービスが受けられる |
| 要介護 2 | 日常生活動作についても部分的な介護が必要となる状態 | |
| 要介護 3 | 排泄や身の回りの世話、立ち上がり等が自分でできない。歩行が自分でできないことがある | |
| 要介護 4 | 排泄や身の回りの世話、立ち上がり等がほとんどできない。歩行が自分でできない | |
| 要介護 5 | 介護なしには日常生活を行うことがほぼ不可能な状態 | |

**ポイント！**

◎本格的な支援を受けられるのは、要介護の段階から

◎サービスの申請から認定まで、約1カ月かかる

## 【申請してからサービス利用までの流れ】

**①要介護認定の申請**

市区町村に、「介護保険要介護認定申請書」を提出

▼

**②訪問調査・主治医意見書**

市区町村の認定調査員が自宅や病院にやってきて、訪問調査を始める

▼

**③審査判定**

〈一次判定〉

コンピュータによる全国一律の判定方法で要介護度が判定される

〈二次判定〉

一次判定の結果と主治医意見書にもとづき、介護認定審査会によって要介護度が判定される

▼

**④認 定**

市区町村が要介護認定を行い、申請者に結果を通知する

約１カ月

介護保険のしくみ

# どんな介護サービスが受けられる？

## 介護保険の目的とは

介護保険の目的は、社会全体で介護を支えるしくみづくりと、利用者の選択による保険、医療、福祉などの高齢者介護サービスの利用を総合的にできるようにすること、とされています。実際にどんなサービスが利用できるのか見ていきましょう。

## 介護サービスの利用細目

介護サービスを受けられる介護保険の被保険者は、第1号被保険者と、第2号被保険者に分けられます。第1号被保険者は65歳以上、第2号被保険者は40～64歳までの公的医療保険加入者です。介護サービスというと高齢者がイメージされますが、40歳代の人でも、介護が必要な状態なら、介護サービスを受けられます。

介護サービスや介護予防サービスを受けられる条件は次のとおりです。

- **第1号被保険者……要介護、要支援状態になったと判断された場合**
- **第2号被保険者……介護保険で対象となった病気が原因で、要介護認定を受けた場合**

介護サービスや介護予防サービスの種類は、大きく次のように分けられます。

**① 居宅サービス……要介護者が対象。訪問サービス、通所・短期入所サービスなど**

**② 地域密着型サービス……要介護者が対象。小規模多機能型居宅介護、夜間対応型訪問介護など**

**③ 施設サービス……要介護者が対象。老人福祉施設と介護保険施設に分かれる。特別養護老人ホーム、養護老人ホーム、有料老人ホーム、老人福祉センターなど**

**④ 介護予防サービス……要支援者が対象。介護予防訪問介護、介護予防訪問入浴介護、介護予防訪問リハビリテーションなど**

## 一定の収入がある人は2割負担に

利用料は、これまでは1割の自己負担でしたが、介護保険法の改正で、一定の収入がある人は2割負担になります。

そのほか、寝たきりや認知症にならないための介護予防事業があります。介護予防事業は、特定高齢者施策と一般高齢者施策に分けられます。特定高齢者施策では、運動機能の向上や栄養改善、口腔機能の向上などが行われます。一般高齢者施策では、介護予防の知識を普及させる啓発活動などを行います。

【介護保険制度のしくみ】

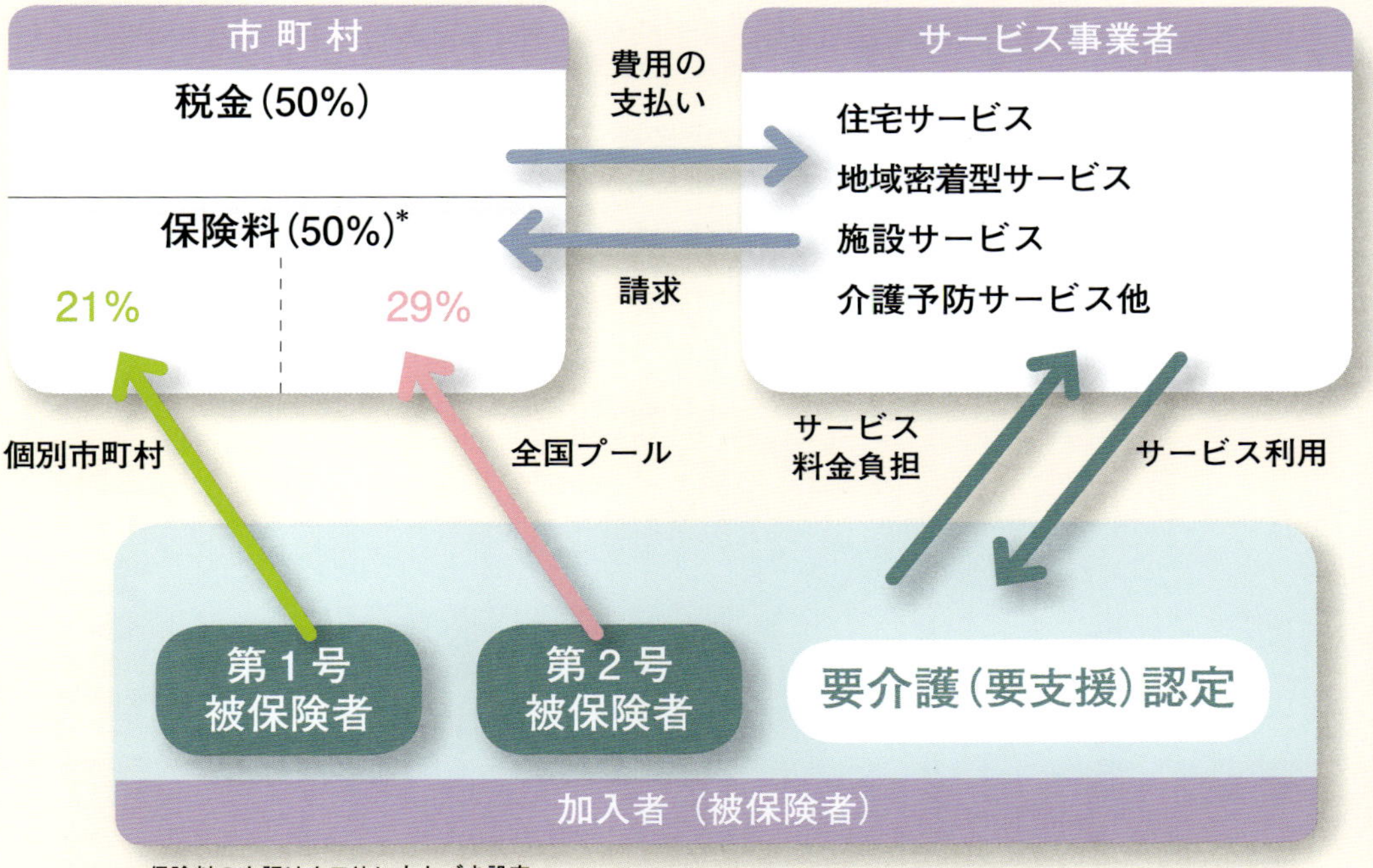


＊保険料の内訳は人口比にもとづき設定

ポイント!

- 40歳以上の被保険者であれば、介護サービスを受けられる
- サービスを受けるには、認定が必要

【被保険者の対象・サービス保険料など】

| | 第1号被保険者 | 第2号被保険者 |
|---|---|---|
| 対象者 | 65歳以上 | 40~64歳までの公的医療保険加入者 |
| サービスを受けられる人 | 要介護状態（寝たきり、認知症等で介護が必要な状態）<br>要支援状態（日常生活に支援が必要な状態） | 介護保険で対象となる病気で要介護認定を受けた場合 |
| 保険料 | 所得段階別定額保険料 | 健保＝標準報酬×介護保険料率（一部事業主負担）<br>国保＝所得割など（一部国庫負担） |
| 徴収方法 | 年金額が一定額以上の場合は年金天引、それ以外は普通徴収 | 医療保険者は医療保険とともに徴収して納付 |

＊資料：厚生労働省

ケアプラン別のサービス

# 慣れた住まいや、通いで受ける「居宅サービス」

## 居宅サービスは種類が多い

居宅サービスについて詳しく説明します。このサービスの代表的な訪問介護や訪問入浴介護、通所介護、通所リハビリテーションについて見ていきます。

### 訪問介護

ホームヘルパーなどが介護が必要な人の家を訪問し、各種サービスを提供するものです。入浴の介助や、身体の清拭《せいしき》、洗髪などのほか、調理、洗濯、掃除などの家事援助、通院や買物の介助などがあります。

このサービスを受けられる条件は、介護を受ける人がひとり暮らしをしているとか、同居の家族に病気や障害があるなど、やむを得ない事情があるときになります。

費用の目安ですが、身体介護は1回につき1時間以内で５０００円程度、生活援助は1回につき45分未満で２０００円程度の介護報酬が発生し、それぞれ1～2割の自己負担となります。

訪問入浴介護は、自宅の浴室での入浴が困難な要介護者へのサービスです。搬入可能な浴槽を自宅まで運んで、看護職員などの介助で入浴します。費用の目安ですが、1回あたり1万２０００～1万４０００円程度の介護報酬が発生し、その自己負担分は1～2割です。

### 通所介護

一般的にデイサービスと呼ばれており、要介護に認定された人が対象です。デイサービスセンターに通って、入浴、排泄、食事などの介護や機能訓練などのほか、レクリエーションなどのサービスを受けます。

費用は、要介護の区分によって変わり、要介護の区分が高くなると料金も高くなります。大体の目安ですが、介護報酬は、要介護1で1回あたり７０００円程度、要介護5で1回あたり1万３０００円程度で、それぞれ1～2割の自己負担となります。

### 通所リハビリテーション

デイケアとも呼ばれています。施設や病院などに通い、理学療法士や作業療法士などの指導のもとで、機能回復訓練を行うものです。

要支援や要介護の区分によって料金が違ってきます。要支援で1回あたり２５００～５０００円、要介護で1回あたり６００～１５００円程度の自己負担です。

## 【医療費控除の対象となる介護保険制度下での居宅サービス等の概要】

### ①医療費控除の対象となる居宅サービス

- 訪問看護
- 介護予防訪問看護
- 訪問リハビリテーション
- 介護予防訪問リハビリテーション
- 居宅療養管理指導【医師等による管理・指導】
- 介護予防居宅療養管理指導
- 通所リハビリテーション【医療機関でのデイサービス】
- 介護予防通所リハビリテーション
- 短期入所療養介護【ショートステイ】
- 介護予防短期入所療養介護
- 定期巡回・随時対応型訪問介護看護（一体型事業所で訪問看護を利用する場合に限ります）
- 複合型サービス（上記の居宅サービスを含む組合せにより提供されるもの《生活援助中心型の訪問介護の部分を除く》に限ります）

### ②上記の居宅サービスと併せて利用する場合のみ医療費控除の対象となる居宅サービス

- 訪問介護【ホームヘルプサービス】（生活援助（調理、洗濯、掃除等の家事の援助）中心型を除きます）
- 夜間対応型訪問介護
- 介護予防訪問介護
- 訪問入浴介護
- 介護予防訪問入浴介護
- 通所介護【デイサービス】
- 認知症対応型通所介護
- 小規模多機能型居宅介護
- 介護予防通所介護
- 介護予防認知症対応型通所介護
- 介護予防小規模多機能型居宅介護
- 短期入所生活介護【ショートステイ】
- 介護予防短期入所生活介護
- 定期巡回・随時対応型訪問介護看護（一体型事業所で訪問看護を利用しない場合及び連携型事業所に限ります）
- 複合型サービス（上記①の居宅サービスを含まない組合せにより提供されるもの（生活援助中心型の訪問介護の部分を除きます）に限ります）

### ③医療費控除の対象外となる介護保険の居宅サービス等

- 訪問介護（生活援助中心型）
- 認知症対応型共同生活介護【認知症高齢者グループホーム】
- 介護予防認知症対応型共同生活介護
- 特定施設入居者生活介護【有料老人ホーム等】
- 地域密着型特定施設入居者生活介護
- 介護予防特定施設入居者生活介護
- 福祉用具貸与
- 介護予防福祉用具貸与
- 複合型サービス（生活援助中心型の訪問介護の部分）

＊資料：国税庁

**ポイント！**

- 居宅サービスには、自宅で受けるものと施設に通うものがある
- デイサービスは要介護に認定された人のみ対象

ケアプラン別のサービス

# 施設に入所して受ける「施設サービス」

## 施設の目的により対象や期間が異なる

**施設サービスは、老人福祉法にもとづく老人福祉施設と、介護保険法にもとづく介護保険施設に分けられます。このサービスは、要介護認定で要介護1～5の認定を受けた人が利用できます。**

### 養護老人ホーム

老人福祉法にもとづく施設です。経済的、環境的な理由で居宅では生活できない65歳以上の人を受け入れます。入所には次のような要件があります。

- **心身機能が衰えて日常生活が難しい人**
- **住むところに困っている人**
- **生活保護を受けている人**
- **世帯の所得が非課税に区分される人**
- **災害などにあって生活が苦しい人**

自立できる人、入院療養中の人、寝たきりの人、所得が高い人は利用できません。

費用は、本人や主たる扶養義務者の負担能力に応じて決められます。だいたいの目安は、無料～8万円ぐらいです。

### 軽費老人ホーム

老人福祉法にもとづく施設です。60歳以上で、健康な高齢者の日常的な生活を支援する施設です。次の3つに分けられます。

- **A型（給食型）……食事の提供がある**
- **B型（自炊型）……食事の提供がない**
- **C型（ケアハウス）……個室で食事の提供があり、介護が必要になったときには福祉サービスが受けられる**

入所できる条件ですが、60歳以上で家族との同居が困難な人や、身寄りがいない人です。A型は、収入が利用料の2倍（約34万円）以下という所得制限があります。B型は、自炊できるだけの健康状態が求められます。C型は、日常生活が自立していることが条件です。所得制限はありません。

費用の目安は、A型が月額で6万～13万円。B型が月額で5万円程度。C型は月額で6万～17万円です。なお、C型は入居するときに入居一時金として50万～４００万円程度必要になることがあります。

### 有料老人ホーム

老人福祉施設です。食事の提供や日常生活の介護、家事、各種レクリエーションなどを提供する施設です。有料老人ホームの入居者が要介護状態になったときに、介護のサービスを受けられる特定施設入居者生活介護が付いている施設もあります。（介護付き有料老人ホームや住居型有料老人ホームなど）外部サービス利用型は要介護度が高いと費用が割高になる場合もあります。

費用はそれぞれの施設によってかなり違いがあります。最低限のサービスで一時金を必要としない施設から、介護保険給付の対象外のサービスまで提供して高額な費用がかかる施設まであります。

**【施設一覧表】**

- 施設サービス
  - 老人福祉施設
    - 入所型施設
      - ●特別養護老人ホーム
      - ●軽費老人ホーム
      - ●養護老人ホーム
      - ●老人短期入所施設
      - ●有料老人ホーム
    - 通所型施設
      - ●デイサービスセンター
    - 利用型施設
      - ●在宅介護支援センター
      - ●老人福祉センター
  - 介護保険施設
    - 通所型施設
      - ●介護老人保健施設
      - ●介護療養型医療施設
      - ●特別養護老人ホーム（介護老人福祉施設）

## 在宅介護支援センター 老人福祉センター

どちらも老人福祉施設の1つです。在宅介護支援センターは、在宅で寝たきりの高齢者の介護者からの相談や高齢者福祉に関する情報提供に、ソーシャルワーカーや看護師などが対応します。費用は基本的に無料です。

老人福祉センターは、地域の高齢者の健康増進や教養の向上、レクリエーションなどを提供する施設です。地域交流の機会として、さまざまなイベントや行事も催されています。費用は無料か、もしくは低額な利用料です。

## 特別養護老人ホーム

介護保険施設の1つである「介護老人福祉施設」のことです。入所の条件は、65歳以上で心身に著しい障害があり、日常的に介護を必要としていて、居宅による介護を受けることが困難な人です。介護保険法の改正で要介護3以上が条件となりました。費用は、本人や主たる扶養義務者の負担能力に応じて徴収されます。

## 介護老人保健施設

これも介護保険施設の1つです。「老健施設」とも呼ばれています。要介護認定を受けた人で、治療や入院は必要ないものの、リハビリテーションを含む介護やケアが必要な人が、申込みにより入所できます。費用は施設によってさまざまです。賃料や食費、日用品代などがかかります。介護保険のサービスを受ければ別途自己負担の費用がかかります。

**ポイント！**

- 軽費老人ホームは3種類に分かれている
- 有料老人ホームは料金差が大きい

失敗しない
介護施設の
選び方

# 選択の幅が広がる、有料老人ホーム

### 入所には高額な費用が必要な場合も

入居待ちの続く特別養護老人ホーム（介護老人福祉施設）にくらべ、有料老人ホームは、主に民間の株式会社によって運営されており、種類や数も豊富です。しかし、入所には高額な費用が必要なところもあるので、慎重に検討するようにしましょう。

## 自分の状況に合わせて選ぶ施設のタイプ

高齢者になると、現在の住まいではバリアフリーなどの設備が整っていないなど、住まいとして不便な面が出きます。いざというとき隣近所で助け合えるかも心配です。そんな不安を抱えたとき、有料老人ホームを検討するのはひとつの方法です。

有料老人ホームは、大きく3つに分けられます。

- **介護付き有料老人ホーム……ホームのスタッフがサービス計画を立てて、それにもとづいてサービスを受けるシステムです。「介護専用型」と「混合型」があり、「介護専用型」は要介護認定を受けた人しか入居できません。**
- **住宅型老人ホーム……入居したホームで、入居者自身が選択・契約した介護サービスを外部の事業者から受けるシステムです。**
- **健康型有料老人ホーム……居室内に浴室やキッチンなどが完備されています。介護が必要になった場合は、契約を解除して退去しなければなりません。終の棲家とはなりえないので、要介護になったときの行き先をあらかじめ決めておく必要があります。**

## 敷金が必要な場合も

料金の支払い方法も3つに分けられます。

- **前払金方式……終身にわたって必要な家賃等の全額または一部を前払金として一括して支払う方式**
- **月払い方式……前払金を払わずに、家賃等を月払いする方式**
- **選択方式……前払金方式、月払い方式のどちらかを選択できる方式**

前払金方式は、入居時にまとまった費用が必要ですが、そのあと毎月の費用は少なくてすみます。

また、一般の賃貸住宅のように、敷金を求めるホームもあります。敷金は、家賃の6カ月に相当する額を上限とするように法律で定められており、退去時には、部屋の原状回復費用や滞納家賃がなければ、全額返ってきます。

## 【有料老人ホームの分類と支払い方法、契約について】

有料老人ホームの類型

| ホームの種類 | | 介護サービスの提供方法 | 入居時要件・入居できる人（要介護認定別） | | |
|---|---|---|---|---|---|
| | | | 自立 | 要支援 | 要介護 |
| 介護付き有料老人ホーム | 介護専用型 | 入居ホームにて、ホームのスタッフが立てた計画にもとづきサービスを受ける | × | × | ○ |
| | 混合型 | | ○* | ○ | ○ |
| 住居型有料老人ホーム | | 入居ホームにて、入居者自身が選択・契約した外部サービス事業者からサービスを受ける | ○* | ○ | ○ |
| 健康型老人ホーム | | 介護が必要となった場合には、契約を解除し退去しなくてはならない | ○ | × | × |

＊入居できる人についてはホーム独自の入居時要件を定めているところもあります。

利用料の支払い方法

| 利用料の支払い方式 | 概　要 |
|---|---|
| 前払金方式 | 終身にわたって必要な家賃等（敷金は除く）の全額または一部を前払金として一括して支払う方式 |
| 月払い方式 | 前払金を払わず、家賃等（敷金を除く）を月払いする方式 |
| 選択方式 | 前払金方式、月払い方式のいずれかを選択できる方式 |

居住部分の契約方式

| 居住の契約方法 | 概　要 | 居住部分とサービス部分の契約 |
|---|---|---|
| 利用権方式 | 建物賃貸契約および終身建物賃貸借契約以外の形態で、居住部分と介護や生活支援等のサービス部分の契約が一体となっている方式 | 一体 |
| 賃貸借方式 | 賃貸住居における居住の契約形態であり、居住部分と介護等のサービス部分が別々になっている方式<br>このうち、特約によって入居者死亡をもって契約を終了するという内容が有効になる方式を終身建物賃貸借方式という | 別々 |

**ポイント！**

- 選択方式では、月払いが前払いより高額の場合がある
- 終生住み続けられるとは限らない場合も

# 契約前に必ず見学や体験入居をしておく

### 比較検討が大事

**有料老人ホームの選び方の続きです。また、有料老人ホームと似た施設として、サービス付き高齢者住宅もありますので、紹介します。**

## 入居する視点、預ける側の視点の両方から見てみる

有料老人ホームを契約する際には、必ず事前に見学や体験入居をして、施設の内容を確認するようにしましょう。その際は1つだけでなく、いくつかのホームを見学して、それぞれ比較検討してみることも大事です。体験入居は、多くのホームで実施していますので、候補先が絞り込まれたら、実際に宿泊してみて確認してください。また日常生活のルールなども確認しておきましょう。

チェックするポイントとしては、ホームの経営状態も重要な項目です。主なホームは株式会社なので、倒産する可能性もあります。そうなると退去しなければならなくなるかもしれません。そのホームの経営が健全かどうかもチェックポイントです。

有料老人ホームの契約でトラブルになることが多いのは、費用と退去のことですので、念入りに確認することをお勧めします。

契約の際には、ほとんどのホームで身元引受人が必要となります。身元引受人は、退去時に本人を引き取るだけでなく、金銭支払いの保証や、所持品の引き取りなどが役目となります。また、入居者自身が意思判断できなくなったときに、代わりに意思判断をすることを求められることもあります。身元引受人を立てられない場合には、成年後見制度の利用や遺言書の作成等で対応しているホームもあります。

## 不動産賃貸の扱いになる「サービス付き高齢者住宅」

サービス付き高齢者住宅は、有料老人ホームと似ているところがあって、一見区別がつかないこともあります。有料老人ホームが利用権方式のに対して、サービス付き高齢者住宅は、賃貸借方式という大きな違いがあります。居室も有料老人ホームよりも広めのところが多いです。

サービスとして、安否確認と生活相談サービスの提供をしています。また介護ケアの専門家が、少なくとも日中は建物に常駐しており、9割以上のところで食事が提供されています。原則として、借地借家法によって保護される契約ですので、継続して住むことが前提とされています。ただ、要介護度が重度になった場合は、別の施設に住み替えが必要になることもありますので、注意してください。

## 【ホーム選びのチェックリスト】

### ① 基本情報、立地、周辺環境

- □ ホームや運営主体の名称・所在地
- □ 類型・権利形態・支払方式
- □ 公共交通機関が近くにあるか
- □ 近くに生活に便利な商店街や施設などがあるか
- □ 家族や友人が訪ねやすいか

### ② 運営方針、入居・退去

- □ ホームの運営方針
- □ ホームの雰囲気
- □ 入居時の要件
- □ 退去時の要件
- □ 入居者の状況
- □ 介護が必要な人がどの程度入居しているか
- □ 介護が必要な人がどのように過ごしているか
- □ 入居率
- □ 過去1年間の退去者数とその退去先・退去理由

### ③ 経営状態や保険加入、保全措置の状況

- □ 経営母体の主な事業
- □ 決算書や財務諸表は公開されているか
- □ 事故等に備えて、損害保険に加入しているか
- □ 前払金の保全はされているか

### ④ 居室・共同設備・配置レイアウト

- □ 個室のみか相部屋もあるのか
- □ 居室は家具を持ち込めるだけの広さがあるか
- □ 居室は、車いすを利用している場合などに動き回るのに十分な広さがあるか
- □ 入居者にとって必要な設備が居室内にあるか
- □ 車いすや歩行器などの福祉用具は準備されているか
- □ 居室を移動した場合の契約はどうなるのか
- □ 介護居室の数や広さ
- □ 浴室の状況
- □ 共用設備の状況
- □ 施設内の段差の有無、廊下の広さや手すりの有無など
- □ 食堂やロビーの居心地
- □ 避難経路や非常口等
- □ スプリンクラーの設置

### ⑤ 介護サービス

- □ サービス計画（ケアプラン）がどのように作成されるのか
- □ 基本サービスの内容・頻度
- □ 個別選択サービスの内容・追加費用の有無
- □ 日中、夜中の見守りはどのような態勢・人員配置か
- □ 病院への送迎・付き添いはあるか
- □ 看取りに対応できるか

### ⑥ 食事サービス

- □ 選択メニューがあるか
- □ 健康上の理由で通常の食事ができない入居者のための対応（糖尿病対応食や流動食など）が可能か、そのための追加料金は必要か
- □ 食事をキャンセルする際の手続き・返金内容

### ⑦ 健康管理サービス・医療的ケア

- □ バイタルチェック（検温・血圧測定など）は希望すればいつでも受けられるのか
- □ 定期的な健康診断の曜日や回数
- □ 年2回の健康診断
- □ 服薬支援・管理方法
- □ ホーム内で対応可能な医療的ケアはどのようなものか（医療的ケアができる職員は何人いるのか）

**ポイント!**

- ホームの経営に対するスタンスと、健全な経営かどうかチェックする
- ほとんどのホームで身元引受人が必要となる

成年後見制度のしくみ

# 「成年後見制度」とは？

## 判断能力が落ちた高齢者をサポート

**成年後見制度とは、認知症などで判断力が低下した高齢者が、現在の能力や財力などを活かして生活が送れるように、成年後見人がサポートする制度です。**

## 判断能力が低下しているときに利用する「法定後見制度」

２つある成年後見制度のうちのひとつ「法定後見制度」は、公的な制度です。認知症などで判断能力がなくなったとき、本人や配偶者、四親等以内の親族などが、家庭裁判所に後見人の選任を申し立てます。

銀行などは本人が認知症などで判断能力が欠けたとわかると、代理の者が預金を下ろしにきても、預金の引き出しに応じてくれません。後見人を選任してほしいといわれます。そんな事情もあって、急遽、後見人を選ぶ必要に迫られる人が増えています。

## 後見人は誰がなるのか

後見人は、最終的には家庭裁判所が決めた人がなります。家庭裁判所では申立てがあると、面接や面談をするほか、親族や本人への調査などをして審理します。

親族などを後見人の候補者として推薦できますが、必ずしも親族が選ばれるというわけではありません。調査の結果、弁護士などの第三者が後見人に選ばれることもあります。

また、さらに後見人を監督する後見監督人が選ばれることもあります。このような後見人は職業後見人と呼ばれ、弁護士会のほか、司法書士会、行政書士会、税理士会、社会福祉士会などが職業後見人の受け皿として活動しています。

## 後見人に選ばれたら

後見人に選ばれると、被後見人の代理人として、お金や財産の管理をすることになります。

たとえ親子であっても親のお金を自分のために使うことは許されません。親族間なら多少お金を盗っても罪に問わないという親族相盗例があるのですが、後見人になるとこの規定は適用されず、罪に問われます。実際に、成年後見人である息子が、被後見人である親の金を使い込んで逮捕された事件もあります。

また、適時裁判所に報告する義務があるなど、後見人はあくまでも被後見人のために活動する責任と義務があるのです。

## 【法定後見制度の内容】

| | 後見 | 保佐 | 補助 |
|---|---|---|---|
| 対象者<br>（判断能力の程度） | 判断能力を欠く常況にある人<br>（日常的に必要な買い物も自分ではできず、誰かに代わってもらう必要のある人） | 判断能力が著しく不十分な人<br>（日常的に必要な買い物程度はできるが、不動産や自動車の売買、自宅の増改築、金銭の貸し借り等、重要な財産行為は自分ではできない人） | 判断能力が不十分な人<br>（重要な財産行為も自分でできるかもしれないが、不安だったり、本人の利益を守るためには誰かにやってもらったほうがよい人） |
| 裁判所に申立てできる人 | 本人・配偶者・四親等内の親族等（親族等の申立人がいないときは市区町村長） | | |
| 申立てに対する本人の同意 | 不要 | | 必要 |
| 支援する人 | 成年後見人 | 保佐人 | 補助人 |
| 後見人等への報酬 | 本人の支払能力に応じて家庭裁判所が決定 | | |
| 支援者の同意権・取消権 | 本人の法律行為はすべてを取り消しできる | ＊民法13条1項に定める行為 | 申立ての範囲内で家庭裁判所が定める「特定の法律行為」 |
| | 日用品の買い物等は取り消しできない | | |
| | 同意権・取消権を与えるには本人の同意は不要 | | 本人の同意は必要 |
| 支援者の代理権 | すべての法律行為 | 申立ての範囲内で家庭裁判所が定める「特定の法律行為」 | |
| | 本人の同意は不要 | 本人の同意が必要 | |
| 後見監督人 | 必要と判断すれば、家庭裁判所が選任 | | |

＊民法13条1項に定める行為

(1) 貸金の元本の返済を受けること
(2) 金銭を借り入れたり、保証人になること
(3) 不動産をはじめとする重要な財産について、手に入れたり、手放したりすること
(4) 民事訴訟で原告となる訴訟行為をすること
(5) 贈与すること、和解・仲裁契約をすること
(6) 相続の承認・放棄をしたり、遺産分割をすること
(7) 贈与・遺贈を拒絶したり、不利な条件がついた贈与や遺贈を受けること
(8) 新築・改築・増築や大修繕をすること
(9) 一定の期間を超える賃貸借契約をすること

**ポイント！**

- 家庭裁判所が後見人を選任する
- 後見人になると、親のお金でも自分のために使ってはいけない

### 【成年後見人についての法律】

# 民法第858条

（成年被後見人の意思の尊重及び身上の配慮）

成年後見人は、成年被後見人の生活、療養看護及び財産の管理に関する事務を行うに当たっては、成年被後見人の意思を尊重し、かつ、その心身の状態及び生活の状況に配慮しなければならない

成年後見制度のしくみ

# 判断能力があるうちに手続きする「任意後見制度」

## 自分が主体的に決められる

**ここでは、もう1つの成年後見制度である、任意後見制度について説明します。任意後見制度は、前項の法定後見制度と異なり、私的な契約関係となります。まだ判断能力があって元気なうちに、将来の自分をサポートしてもらう任意後見受任者との間に交わす契約です。**

## 私的な契約でも、契約書は公正証書にする

本人に判断能力が衰えてくると、本人や配偶者、四親等以内の親族以外の人でも、任意後見受任者が、任意後見監督人の申し立てを行うことで、速やかに法定後見への移行ができます。そのあとは前項の法定後見制度と同じですが、任意後見制度からの移行ですと必ず後見監督人が選任されます。

任意後見制度は、私的な契約ではありますが、契約書は公証役場で公正証書にしてもらう必要があります。

任意後見受任者は、親子などの親族でもかまいませんが、信頼のおける専門家（弁護士、司法書士、行政書士など）になってもらうのが、安心かもしれません。

## 死後事務委任契約をセットにする

死後事務委任契約とは、自分が亡くなった後の諸手続き、たとえば、葬儀、納骨、埋葬に関する事務等について代理権を与える契約です。死後事務の内容としては、医療費の支払いに関する事務、家賃・地代・管理費等の支払いと敷金・保証金等の支払いに関する事務、永代供養に関する事務などが考えられます。任意後見制度とセットにすれば、身寄りのない高齢者の人でも、将来の不安が解消できるかもしれません。

## 任意後見制度のデメリット

弁護士、司法書士、行政書士などの専門家に依頼すると、当然報酬が発生します。また、任意後見受任者が同居の親族でないとき、本人の判断能力が減退したかどうかの把握が不十分になる可能性があります。そんなときには、任意後見契約と同時に、任意後見受任者と別途見守り契約も結んでおきます。見守り契約とは、定期的な訪問や電話による連絡で安否を確認してもらい、生活状況の確認等を依頼することです。生活の不安を解消できて、より安心できます。

## 【任意後見制度】

判断能力があるうちに、支援してもらう人との間で支援の内容を公正証書で契約しておき、判断能力が低下したときに任意後見監督人選任の申立てを行うことによって、速やかに、財産管理や相続、葬儀等、法的なことから身の回りのことまで支援してもらえます。任意後見監督人が選ばれるまでの支援者を任意後見受任者、選ばれてからは任意後見人といいます。

### 【任意後見制度の流れ】

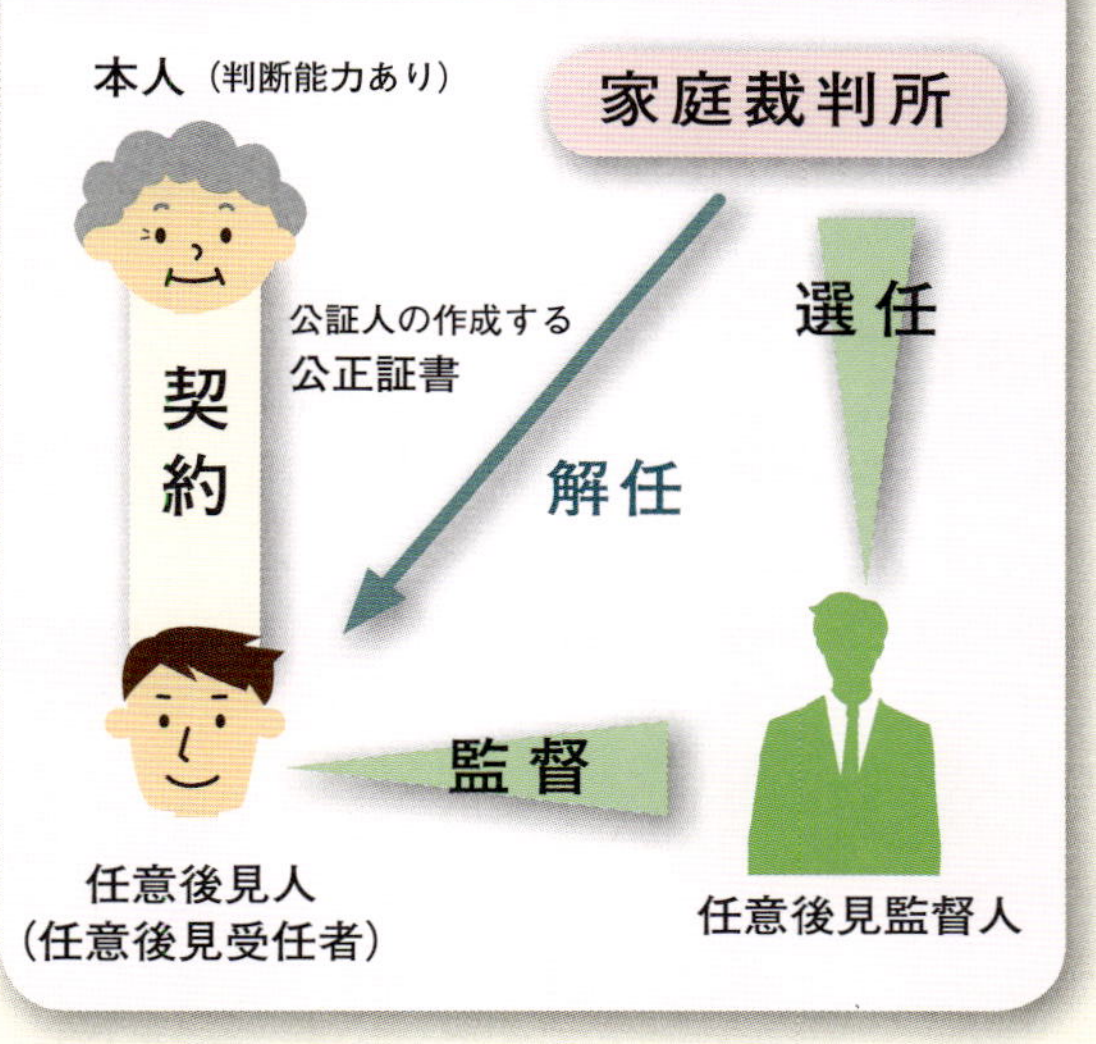


**対象者（判断能力の程度）**
現在の判断能力には問題ないが、将来に備えて契約する人

**裁判所に申し立てできる人**
本人・配偶者・四親等以内の親族、任意後見受任者

**後見人等への報酬**
契約で定めた額

**支援者の同意権・取消権・代理権**
契約で定めた事項についての代理権
（任意後見人には同意権・取消権はない）

**後見監督人**
必ず選任

**ポイント!**

- 本人の判断能力を把握する、「見守り契約」という制度がある
- 相続人がいない場合、相続財産は国のものになる

### 【成年後見に関する費用】

| 法定後見 | | 任意後見 | |
|---|---|---|---|
| 申立時に要する費用 | | 任意後見契約の締結時 | 任意後見監督人選任の申立時 |
| 収入印紙 3,400円<br>郵便切手 4,300円<br>鑑定料金およそ 5万~10万円 | その他診断書、戸籍謄本・住民票等の取得に必要な費用 | 契約書（公正証書）作成料<br>公証人に支払う手数料<br>登記手数料 | 収入印紙 2,200円<br>郵便切手 2,980円 |
| 後見人に支払う報酬 | | | |
| 家庭裁判所が決定した額 | | 契約で決めた額<br>＋<br>任意後見監督人への報酬 | |

＊費用負担ができない人に向けて、成年後見利用援助事業として補助を行っている市区町村もあります。

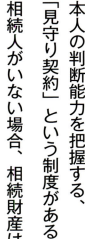

# 介護Q&A

年をとるということは、身体が思うようにならなくなること。誰でも迎える老いへのサポートケアの実態は⁉

## Q 老人ホームで医療ケアはできますか？

有料老人ホームで、たんの吸引や胃ろうなどの医療的なケアは、対応してもらえるのでしょうか？

## A 一定の条件のもとで可能です

たんの吸引や胃ろうは、医療的ケアとして医師のもとで行う必要があるのですが、法改正により、一定の研修を受けた介護職員は、一定の条件のもとで、たんの吸引や経管栄養（胃ろうなど）を行うことができることになりました。ただ、職員の配置などにより、できるホームとできないホームがありますので、事前にご確認ください。

## Q 近所に、未届けの老人ホーム……？

家の近くに介護付きを宣伝文句にしている有料老人ホームがあるのですが、行政の有料老人ホームの一覧に載っていませんでした。何か問題はありませんか？

## A 契約を考えているなら要注意！

老人福祉法では、有料老人ホームは行政への届出が義務づけられています。入居者の数にかかわらず、「老人を入居させ、食事、介護、家事、健康管理のサービスのうち、少なくともいずれかひとつを提供していれば、有料老人ホームにあたる」とされていますので、その有料老人ホームは未届けのホームの可能性があります。契約内容がきちんとしているか、消防設備はしっかりしているかなど、十分に注意する必要があります。

## Q 認知症高齢者のグループホームとは？

最近、認知症高齢者のグループホームというのをよく聞きますが、どんなものなのでしょうか？

## A 共同生活を送って、生きることを楽しむ工夫を

認知症高齢者のグループホームとは、認知症の高齢者が5～9人の少人数でグループになり、一緒に共同生活を送りながら介護や身の回りの世話などを受ける施設です。グループホームのスタッフが介護などをサポートし、家庭的な環境で生活できるのがメリットです。ただし慢性疾患などのために日常的な医療ケアが必要になったりすると、退去しなくてはなりません。入居できるのは、要支援２以上の認知症の人で、グループホームがある市区町村の住人という条件があります。

## Q 後見人の申請に、悪い噂の影響は？

父が認知症で法定後見の申立てをしました。息子の私を後見人の候補者として申請しましたが、家庭裁判所では、親族調査も行うと聞いて心配しています。

じつは私は、妹と仲が悪く、日頃から妹は、「兄が両親のお金を使い込んでいる」と言いふらしています。私の印象が悪くならないか心配ですが、大丈夫でしょうか？

## A 影響が出る可能性はあります

家庭裁判所では、後見人の選任のとき、被後見人（本人）の推定相続人（将来相続人になる人）の意見も聴取します。妹さんも推定相続人ですが、妹さんから、あなたが、「お金を使い込んでいる」などのよくない評判を聞くと、後見人の選任に影響が出る可能性はあります。そんなとき裁判所では、第三者の後見監督人を選任する可能性もあります。

【施設サービスの1カ月あたりの自己負担】

| ケース① 要介護5の人が多床室を利用した場合 | ケース② 要介護5の人がユニット型個室を利用した場合 |
|---|---|
| **施設サービス費の1割**<br>約26,000円 | **施設サービス費の1割**<br>約27,000円 |
| **居住費**<br>約11,000円（370円／日） | **居住費**<br>約60,000円（1,970円／日） |
| **食費**<br>約42,000円（1,380円／日） | **食費**<br>約42,000円（1,380円／日） |
| **日常生活費**<br>約10,000円（施設により設定されます） | **日常生活費**<br>約10,000円（施設により設定されます） |
| 合計　約89,000円 | 合計　約139,000円 |

※介護老人福祉施設（特別養護老人ホーム）の1カ月の自己負担の目安

# 満足なサービスを得るためにかかる費用

介護保険では、1カ月あたりの利用限度額が決められています。たとえば、要介護5の人の居宅サービスは、36万650円でそれを超えた分は、全額自己負担となります。費用負担1割だと、「3万6065円＋限度額を超過した金額」を毎月負担しなければなりません（なお、低所得者には、負担の軽減措置がとられます）。

また、施設サービスでは、介護老人福祉施設（特別養護老人ホーム）の例を見ると、ケース②のユニット型個室を利用した場合、月額の自己負担の目安は約14万円です。入所一時金などの初期費用がないことが多いですが、決して安い金額ではないようです（＊）。居宅サービスでも満足したサービスを受けるためには、自己負担を超えるサービスが必要かもしれませんし、このほかにも、居住費、食費、日常の生活費がかかってきます。また、別の施設に入居するかもしれません。いずれにせよ介護を受ける老後の生活を考えると、ある程度余裕をもった資金計画が必要なようです。

【居宅サービスの1カ月あたりの利用限度額】

| | |
|---|---|
| 要支援1 | 50,030円 |
| 要支援2 | 104,730円 |
| 要介護1 | 166,920円 |
| 要介護2 | 196,160円 |
| 要介護3 | 269,310円 |
| 要介護4 | 308,060円 |
| 要介護5 | 360,650円 |

＊個室や多床室（相部屋）など、住環境の違いによって自己負担額が変わります。本人および世帯全員が生活保護の対象であったり、年収が少なかったりすれば、居住費や食費は低く設定され、介護サービス費についても高額介護サービス費などの補助金が自治体から支給されます。

（厚生労働省ホームページより）

# 第4章

# 葬式お墓

人生の最期を迎えたとき、お葬式やお墓はどんな形式で、どのくらいの格調のものを考えていますか？

そのときを迎える前に、自分がなにを選択できるか知っておく必要があります。

トピックス5

# 変容するお葬式・お墓

## 無縁墓が増える一方で、深刻化する都市部の墓不足

### 【家族葬と一般葬の違い】

| | 家族葬 | 一般葬 |
|---|---|---|
| 価格 | 20万円～ | 100万円～ |
| 式場 | 自宅や離れた式場で執り行う場合や、火葬場で簡易に行う場合も | 式の内容・参列者数などに応じて式場選び |
| 参列者 | 特に参列者を呼ぶことはなく、家族・親族・親しい友人など、身内のみで執り行う | 家族、親族をはじめ、近所の人や、故人の勤めていた会社関係の人など |
| お香典 | なし（ありとする場合も） | あり |

### 【さまざまな墓地の種類】

都内のマンション型墓地

公営霊園

寺院墓地

### 崩壊しつつある、旧来の形式

今、少子高齢化の影響でお葬式やお墓の在り方に変化が現れはじめています。地方は過疎化が進み、地域のつながりや先祖代々受け継いできた風習が廃れ、お葬式やお墓の在り方も多様化してきています。

少子高齢化の影響で家族の形態が大きく変わり、昔ながらの価値観が崩れ、お葬式は家族葬などコンパクトなものが好まれる傾向にあります。

家族葬は、家族だけが参列するイメージがありますが、故人の社会的立場や人とのつながりも配慮しなくてはなりません。ある葬儀関係者の話では、家族葬は家族だけしか関与しなくていいという誤解があって、亡くなったことを故人の関係者に知らせない人が多いそうです。「なぜ知らせてくれなかったのですか?」と故人の関係者があ

## 【お墓の基礎知識】

### ① 納骨の時期

- 一般的には忌明け四十九日の法要のあと
- 地域によっては、葬儀終了直後
- 新しくお墓を建てた場合は、そのお墓ができたあとでもよい

### ② 埋葬方法

- 埋葬許可証を墓地の管理事務所に提出。霊園などによっては使用承諾書が必要なところも。納骨式を行い（宗教にもよる）、お墓の屍櫃《かろうと》に遺骨を納める

## 【海に散骨する手順】

散骨は法律的には問題ありませんが、地元の人とのトラブルを引き起こさないために配慮すべき点があります。また、遺骨を粉状にする粉骨が必要です

**散骨業者が外洋などで散骨を代行する手順の一例**

①遺骨を粉末状に砕く
②水溶性の紙に包む
③散骨場所まで船で移動して実施

### 散骨は法律的に駄目？

1991年、当時の厚生省および法務省が以下の見解を発表した

「葬儀のための祭祀として節度をもって行われる限り遺骨遺棄罪に該当しない」

⇓

**節度をもち、人の迷惑にならなければ違法ではないということ**

とで残念がることになります。亡くなった連絡だけは、きちんとしておくべきでしょう。

お葬式で近年問題となっているのは、都市部の斎場や火葬場の数の不足です。そのために、1週間から10日間もお葬式を待たされることもあります。その理由としては、高齢者が増えて、亡くなる人の数が10年前と比較して30万人も増加していることや、火葬場などの施設の建設が地域住民の反対などにより、なかなか進まないという事情が挙げられます。

一方、お墓は、大都市のお寺などでは、承継者がいない墓が10％を超えているといわれています。また、墓地が遠い場所にあったりすると、やはり無縁墓になってしまうこともあります。お墓を持っていても、いずれは子孫が途絶えて無縁墓になってしまう可能性が高い……ということです。

無縁墓が増える一方で、都市部では、高齢者の増加に伴い、墓不足が深刻化しています。そんな中、都市部における墓地の不足や墓地販売の商業主義的な色合いを嫌う人の増加など、墓を持たない選択をする人が増えてきています。

葬式・お墓の基礎知識

# 事前に備え、悔いのない選択を

## 費用を考えた葬式やお墓の形式

**近年は、葬儀の簡略化を望む人が増えて、豪勢な葬儀は減ってきました。しかし相続対策という点では、葬儀費用を相続財産から控除できるため有効な手段といえます。**

## 親が亡くなった時は、まず葬儀社を選択する

親が死んで自分が喪主になるのは、精神的なショックも大きいですが、さまざまな手続きをしなくてはならず、かなり負担に感じるはずです。葬儀社に依頼するにしても、費用のことが気になります。

今はほとんどの人が病院で亡くなりますが、遺体を火葬するまでの間、病院からどこに遺体を安置するかが問題となります。自宅がマンションだったりすると、棺がエレベーターに入らないなどのトラブルもあり、葬儀社などのセレモニーホールの安置所や、火葬場の安置所などが選ばれます。

病院には契約している葬儀社がいて、遺体の搬送をしますが、そのあとの葬儀をその業者でするかどうかは、本来は別の問題です。

しかし、遺体を搬送した業者がうやむやのうちに葬儀まで手がけることも多いので、すでに葬儀社が決まっている場合は、はっきりと搬送の業者に伝えておきましょう。

一般的に、葬儀費用は祭壇の規模や参列者の数で決まるといわれています。最近は、親族のみで営む比較的費用が安い「家族葬」に人気が集まっているようです。

安い葬儀が人気を集める一方で、従来の豪勢な葬儀も、相続税を考えると無駄ではありません。葬儀費用は、相続財産から控除することができ、相続税を減らす効果があるからです。

## お墓は事前に購入する

最近は、お墓不足の問題が生じていることから、生前のうちにお墓を購入する人が増えてきています。生前にお墓を購入することは、相続対策としても有効な手段です。なぜなら、相続税の計算上、お墓は非課税財産となり相続財産から除かれるからです。仏壇などの祭祀に関するものも同様に非課税となります。

なお、死んだ後に支払う葬儀費用は相続財産から控除されますが、お墓や仏壇を相続が発生した後に購入しても相続税が軽減されることはないので注意が必要です。

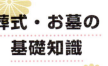

## 【図１：一般的な葬儀費用の内訳】

平成 26 年に行われた「葬儀についてのアンケート調査」（一般財団法人日本消費者協会）によると、葬儀費用の全国平均は 188.9 万円だそうです。全国平均といっても、費用は地域によって異なり、大きな差があります。

費用を事前に準備できればよいのですが、故人の口座は死亡後に凍結されて現金が引き出せなくなるので注意が必要です。

また、通夜の後に飲食をふるまう地域や、香典返しの品を葬儀当日に渡す習慣のある地域では、当然全体の葬儀費用が高くなる傾向があります。

**一般的な葬儀費用の内訳**

基本費用
＋
必要品費用
＋
供養品
＋
接待費
＋
宗教者への謝礼

全国平均 **188.9 万円**

平成 26 年「葬儀についてのアンケート調査」（一般財団法人日本消費者協会）

## 【図２：増える家族葬の割合】

最近は、費用がかかる一般葬よりも、親族のみで営む比較的費用が安い「家族葬」に人気が集まっています。

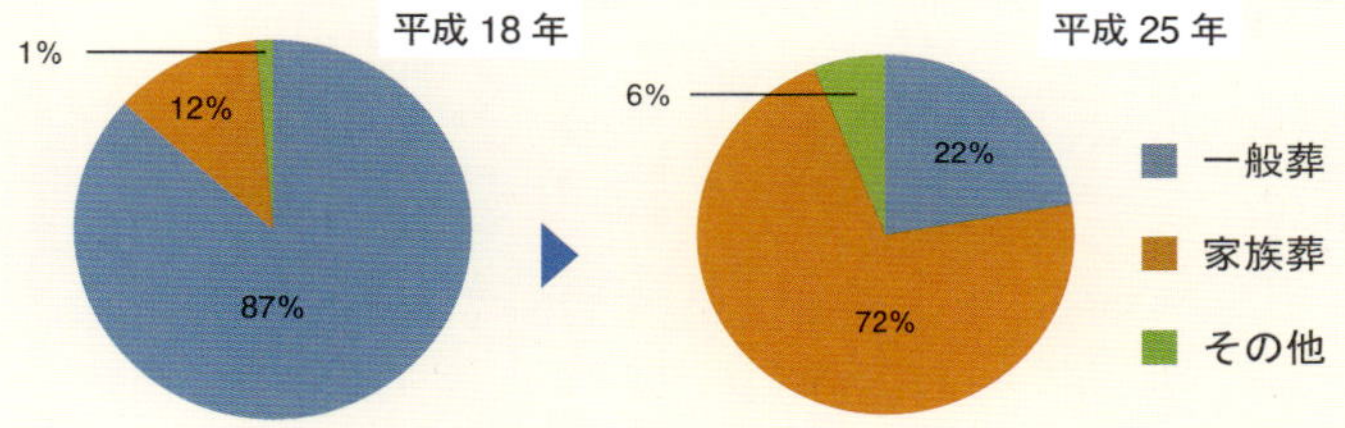


**ポイント！**

- 葬儀費用は、相続財産から控除される
- お墓は生前に購入しないと相続対策にならない

## 【図３：改葬の手続き】

① 移転先の墓地に「受入証明書」を発行してもらう
（地域によっては除籍抄本が必要）

↓

② 移転前の墓地に「埋葬証明書」を発行してもらう

↓

③ 移転前の墓地を所轄する自治体に「改葬許可証交付申請書」「受入証明書」「埋葬証明書」などを提出し、「改葬許可証」を発行してもらう

↓

④ その許可証を、移転前の墓地に提示して、はじめて遺骨の移動ができる

＊費用は、お墓の撤去、移転先の墓地使用料、工事費など併せると、都市部への改葬費用として、200 万～ 300 万円程度になる。（2008 年 毎日新聞の記事による）

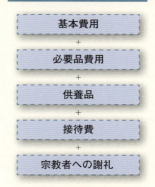

葬儀費用の節約とトラブル回避

# お葬式の費用は、いくらかかる？

## 減っている葬儀費用

日本消費者協会では、4年ごとに葬儀費用の調査をして、その平均を発表しています。それによると、平成26年度の調査では、全国平均で188・9万円でした。過去の調査と比較すると、葬儀費用は減少してきており、お葬式にはお金をかけない傾向があります。

## 小規模でできる「家族葬」

お葬式にお金をかけない例として、家族葬が挙げられます。参列者は家族や身内が中心となり、参列する人数も十数人で、一般的には費用は少なくてすみます。どこまでの親族を含めるかについては、明確なルールがあるわけではなく、遺族の希望や判断に委ねられています。

近年、家族葬が増えている背景としては、「自分の葬式は、家族や身内だけであげてほしい」と考える人が増えているからです。従来のお葬式は、会社関係や地域のつき合いなどの「義理」で参列する人が多く、遺族とのつながりだけで故人とは面識のない人も多かったのです。長引く経済の停滞の影響もあるのか、形だけで来てくれる人よりは、本当に親しい家族や身内に送られたいと考える人が増え、「葬式は家族葬でいい」と言い残して亡くなる人が増えたようです。

また、亡くなる人が高齢化することで、会社や地域とのつながりが薄くなり、「義理」で参列する人が減ってきていることもあるでしょう。お葬式にも、少子高齢化の影響が出てきているようです。

## 葬儀費用の内訳

葬儀費用の内訳ですが、「飲食接待費」「お寺への支払い」「葬儀費用一式」の3つに分けられます。

その中でも、「お寺への支払い」が一番見当がつかないものになると思います。お布施などの値段は、「お気持ちで」とされることが多いので、戸惑う人も多いようです。お葬式の見積もりをとるときでも、お布施などの金額があいまいになっていることがよくあります。お布施というのは執着を断つという修行のひとつとみなされているので、表向きは具体的な金額を請求することを嫌がるお坊さんが多いのです。

しかし、お寺は檀家などの寄付で成り立っているところもあり、実際はある程度の金額が決まっていることも多いようです。

## 【全国で見る平均葬儀費用】

お葬式に必要な費用は一般財団法人日本消費者協会が発行している「第10回『葬儀についてのアンケート調査』」（平成26年度）によると、合計金額は全国平均で188.9万円です。

過去の調査を見ると、平成18年度の第8回調査では231万円、平成22年度の第9回調査では199.9万円とあり、年々減ってきています。

また、地域別に見ると、関東や東海、近畿地方など、都市部で平均金額が比較的高く、四国が最も低い結果になっています。

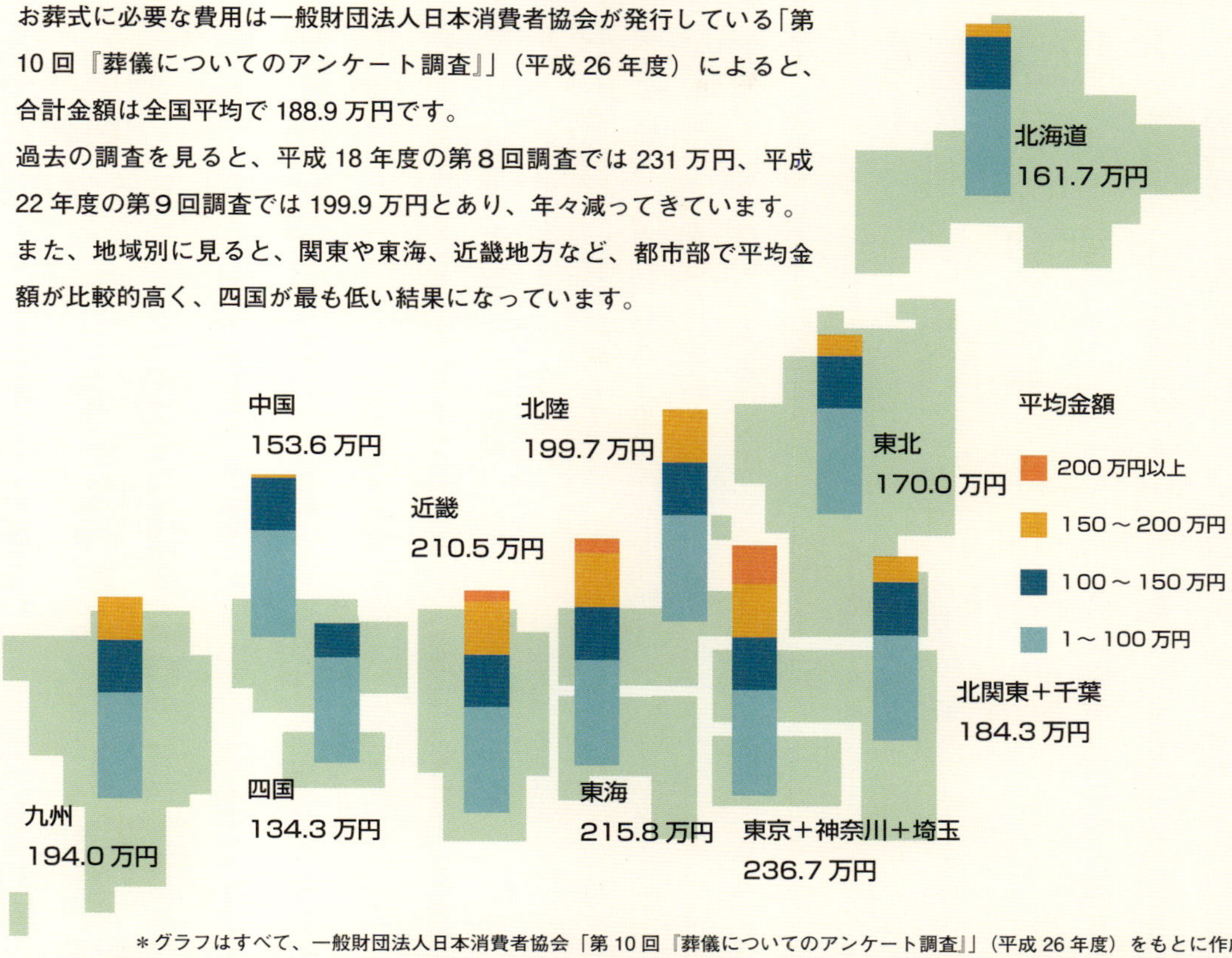


＊グラフはすべて、一般財団法人日本消費者協会「第10回『葬儀についてのアンケート調査』」（平成26年度）をもとに作成

**ポイント！**

- 葬儀社を決めるときは、2社ほど見積もりをとってから
- お布施の相場を知っておく

## 【葬儀費用の全国平均の比率】

平成26年度の例では、次のような比率になっています。

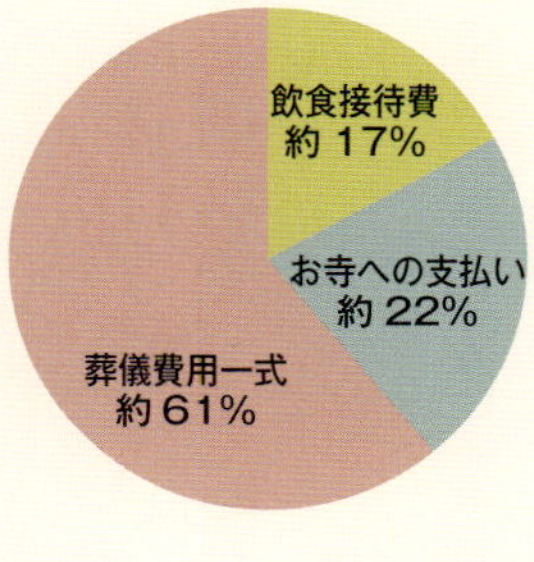


●全国平均188.9万円の内訳

「飲食接待費」……約17%（33.9万円）
「お寺への支払い」……約22%（44.6万円）
「葬儀費用一式」……約61%（122.2万円）

葬儀費用の節約とトラブル回避

# 生前のうちに、お葬式の費用を想定する

## 生前に契約できるお葬式

欧米では、葬儀社とお葬式の生前契約を結ぶのは一般的です。日本でも、東京都がお葬式の生前契約に関してその定義を公表し、広まりつつあります。遺される家族に、できるだけ迷惑をかけたくないという気持ちがある一方、いまひとつ葬儀費用が不透明なところがあるのも、そういう契約が必要とされる要因です。

## お葬式の生前契約の定義

東京都は、生活ハンドブックとして発行した冊子に、お葬式の生前契約について、次の３つを定義として挙げています。

**①　葬儀の内容を詳細に決めている**
**②　葬儀を実施するにあたっての費用の支払い方法を明確に定めている**
**③　以上のことを記載した契約を生前に締結する**

お葬式の生前契約の問題点として、実際に葬儀が執り行われる様子を契約者本人が確認することができないので、契約どおりに葬儀が執り行われるか不透明な点が挙げられます。そこで、契約どおりに実行されたかどうかを確認してもらうため、事前に家族の同意をとって、契約している内容を伝えておく必要があります。

また、家族の同意がないときは、遺言書によって自身のお葬式の在り方を指定することができます。法的な効力のないものでは、家族から無視される可能性がありますので、公正証書遺言などの正式なものにしておくことが大事です。

お葬式の生前契約で注意しなくてはならないのは、契約時からそれを実行するまでに、ケースによっては長い年月が経過してしまうことです。経済情勢の変化で、物価が変わり、契約したときの内容が契約時の金額でできないことも考えられます。定期的に契約内容を見直すなどの条項が用意されているか、解約するときはどうなるのか、などを確認しておくほうがよいでしょう。

## 会員になれば、低価格でできるシステム

冠婚葬祭互助会も、比較的経済的に「結婚式」や「お葬式」ができるシステムです。会員になって毎月1000～5000円程度の掛金を払うことで、「結婚式」や「お葬式」などの儀式を会員価格でできるようにしています。経済産業大臣の認可を受けて運営しているので、安心感もあります。

**【ご葬儀プランの会員制度】**

葬儀社への月々の支払いがありますが、通常価格より安くなります。葬儀社のホームページなどに書かれている金額はあくまで目安なので、会場、人数規模、内容等各種の条件により変動します。葬儀社によく確認をとってから入会しましょう。

### 一般的な葬儀社の会員価格 月々3,000円の例

通常価格の場合
420,000円
→
**会員価格の場合**
**月々の掛金 3,000円× 60回**
**= 180,000円**

| 基本費用 | 会員料金 |
|---|---|
| ● 祭壇一式　200,000円 | 180,000円 |
| ● 霊柩車（最寄りの火葬場まで100,000円） | 0円 |
| ● 湯灌納棺　60,000円 | 0円 |
| ● 遺影写真　30,000円 | 0円 |
| ● ドライアイス　20,000円 | 0円 |
| ● 消耗品　10,000円 | 0円 |
| 基本費用　小計 420,000円 | 180,000円 |

**ポイント!**

- 定期的に生前契約の内容を修正できるか確認する
- 契約を解約したとき、解約料があるかどうかも知っておこう

**【「生前契約」のメリット、デメリット】**

**○ メリット**

① 葬儀の在り方を吟味できる
② 不透明な葬儀予算等を明確にできる
③ 独居・子どもがいないなどのケースで心配がない
④ 子どもに面倒をかけない
⑤ 掛金制を採用しているところがあり、安くすむこともある

**✕ デメリット**

① 前払金が前提の場合が多く、解約料など不払いのリスクがある
② 契約者本人の死亡後に履行するため、確実性や時期などが不透明
③ 転居や家族構成の変化、事業者の廃業などの状況変化の可能性に対応できないケースもある

後悔しない
お墓・霊園の
選び方

# 「お墓を買うまで」と、「買った後」を考えよう

## 墓石を買う、土地を借りる

よく「お墓を買う」といいますが、墓石自体は購入しても、埋葬する場所は、土地を購入するのではなく、借りるだけなのです。したがって、管理料という名目の賃料を払う必要があります。

## お墓の2種類のタイプ

土地があれば、お墓なんかどこにでも作れるのではと思いがちですが、埋葬法では、たとえ自分の土地でも、遺骨を埋葬することはできません。墓石だけ買って、庭にお墓を作るということはできないのです。そこで、都道府県知事から許可を得たお墓に埋葬することになります。

お墓には、管理料を支払う承継人が必要なタイプと、永代供養料を払うことで承継人が不要なタイプの2種類があります。

管理料を払うタイプは、大きく3つに分かれます。

- **お寺**
- **私営墓地**
- **公営墓地**

お寺の場合は、檀家であることが必要ですが、承継人がいなくても永代供養をしてくれるお寺もあります。私営墓地は公園のように整備しているところもありますが、交通の便が悪い郊外に多くあります。公営墓地は一番手軽な値段ですが、希望者が多く、抽選の倍率も高いようです。管理や運営にも違いがあります。

## お墓が無縁墓になったとき

管理料を支払う承継人が必要なタイプの場合、お墓を守る承継が途絶えてしまい、賃料である管理料が払えなくなると、その墓は無縁墓となってしまいます。

そうすると、墓地の管理者は、お墓の権利を持つ者に向けて、1年以内に申し出るよう官報に掲載し、墓所の見やすい場所に設置された立て札に1年間掲示して、申告を待ちます。もし申し出がなかった場合は、無縁仏として容易に改葬できるしくみになっています。無縁仏となった遺骨は、供養塔や無縁仏のみを集めた無縁墓地に合祀されたりします。

また、永代供養をうたっている場合でも、実際には10回忌まで、30回忌まで、50回忌までといった期限が決まっていることもありますので、注意してください。

このように、先祖代々のお墓を守ることは、継続的なお金の支払いにかかっているのです。

## 【お墓の値段】

全国の主な墓地の使用料は次のようになっています。申込みは抽選になり、このほかに年管理料（数千円ぐらい）がかかります。一等地にある墓地は高価になりますし、お墓の面積によっても値段は違ってきます。
（平成25年8月時点）

- 青山霊園……約409万円～約1,630万円
- 谷中霊園……約244万円～約326万円
- 八柱霊園……約341万円～約1,170万円
- 多摩霊園……約149万円～約527万円
- 小平霊園……約141万円～約480万円
- 八王子霊園……約112万円
- 大阪市営　服部霊園（豊中市）……約80万円～
- 堺市営　堺市霊園（鉢ヶ峯公園墓地）……約168万円～
- 和泉市設　和泉霊園……約20万円～
- 飯盛霊園（府四條畷市）……約77万76,00円～
- 八尾市立　龍華墓地……約40万円～
- 大阪北津霊園（豊能町）……約62万円4,000円～
- 神戸市営　鵯越墓園……約72万円～
- 加古川市営　日光山墓園……約66万円～

## 【無縁墓を取り壊すために墓地管理者が行う手続き】

墓地管理者がお墓を整地してお墓を取り壊す際には、「墓地、埋葬等に関する法律」および厚生労働省が定めた「墓地、埋葬等に関する法律施行規則」3条の規定による許可を得ています。

・無縁墳墓を改葬する旨を官報に掲載する。具体的には、「墳墓の権利者に対し、このまま管理費を払わないと改葬する旨」を官報に掲載し、予告する。
・お墓に立て札や貼り紙などをして同じ内容を掲示する。
・お墓に立て札を掲示した様子を、カメラでを随時、撮影しておく。

公示から1年たってもお墓の権利者が名乗り出なかった場合に、無縁墳墓の改葬許可申請を行い、改葬許可を得て、無縁墓の整理、撤去ができるようになります。

**ポイント！**

- お墓の土地は借りているだけ
- 「永代供養」でも、期限が設けられている場合がある

**【管理費を払う継承者が必要なお墓】**

| | 寺院墓地 | 私営墓地 | 公営墓地 |
|---|---|---|---|
| 管理者 | 寺 | 公益法人・宗教法人 | 自治体 |
| 管理費 | 必要 | | |
| 生前購入 | 可 | | 不可 |
| 宗旨・宗派 | 檀家 | 不問 | |
| メリット | 信頼性や安心性がある。継承者がいなくなった場合、永代供養してくれる寺院もある。 | 明るい雰囲気の公園型が多い。施設が充実している。宗教を問わない。 | 使用料や管理費が安い。安定性があり、住まいに近い。宗教を問わない。 |
| デメリット | 墓購入後は檀家となり、戒名が必要とされる。石材店の指定があるときも。 | 郊外が多く、交通の便が悪い。石材店の指定があるときも。 | 希望者が多く倍率が高い。資格審査があり、居住地を指定。遺骨があることが条件。 |

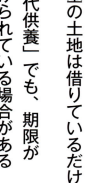

# 安価にできる、新しいお墓のかたち

### 増えてきた選択肢

**近年、お墓のバリエーションが増えてきました。都市部に多い納骨堂タイプは承継人を要しません。樹木葬などは、他人の遺骨と一緒に埋葬する合祀を前提としていますので、費用は安くすみます。散骨も5万～30万円で船をチャーターして、日本の近海で行うことができますので、こちらも比較的安い値段ですみます。**

## 継承人、永代供養料が必要ない

都市部では、墓地の不足から、様々な形態の墓地が登場しています。

たとえば、承継人を必要としない納骨堂タイプが登場しています。ロッカー式やカード式など、さまざまなタイプがあります。もともとは、遺骨を一時安置するための納骨堂でしたが、お墓として利用するようになりました。運営主体はお寺であることが多いようです。一定期間管理料が必要となりますが、それを過ぎると合祀されることが多くあります。

樹木葬は、公園のような整備された墓地に、シンボルとなる樹木があり、その周辺に遺骨を合祀するものです。合祀であり、また骨壺を使用しないので、遺骨は他人の遺骨と混じってしまいます。

散骨は、遺骨を２㎜以内に砕くことが条件となっています。節度のある場所で行わないと、地域住民とトラブルになることもあります。また、ハワイなどでは、散骨に関して法律で決められており、違反して散骨をすると処罰されますので、注意してください。

## 故人の面影を感じられる「手元供養」

樹木葬や散骨などにすると、故人の遺骨を回収することはできなくなります。故人の面影を感じていたい人は、遺骨のすべてを合祀や散骨にせずに、一部分を手元に置いておく方法も考えられます。これらは手元供養と呼ばれますが、近年、次第に浸透してきています。ほんの少量であれば、分骨証明書などの手続きもしなくてすみます。

手元供養に使う道具ですが、ミニ骨壺タイプや、ペンダントに遺骨を入れて身につける遺骨ペンダント、オブジェ加工など、バリエーションも豊富になりました。

値段は、数万円ぐらいで買えるものがほとんどですが、遺骨ペンダントの中には、ダイヤモンドなどを使った50万円以上の高価なものまでそろっています。

## 【お墓のない新しいかたちの供養法の一例】

### ① ロッカー式納骨堂

骨壺をコインロッカーのような棚に収蔵。お参りのときに出してもらえるタイプや、参拝スペースの裏に棚があって、そこでお参りするケースがある。

**約 30 万円～**

＊年会費と管理費は別途 3,000 円。供養・位牌等も別途。収納される棚の段やプランによって各々値段が変わる。

### ② 自動搬送式

普段は収蔵庫で保管・管理されているが、参拝者が専用のICカードや、タッチパネルを操作することにより、参拝室のブースに自動的に運ばれてくるしくみ。

**約 75 万円～**

＊骨つぼで３体、特製の袋なら８体まで収納可能。年間費１万 2,000 円。永代使用権、みかげ石墓碑含む。永代供養つき。

### ③ チャーター式海洋散骨

船をチャーターして散骨する場合は希望の日時に出航が可能。

**約 23 万円～**

＊遺骨１体。セレモニー料、散骨用献花、桟橋使用料、写真サービスを含む。散骨証明書つき。粉骨料金は別途３万 1,500 円。代行委託散骨プランは５万 2,500 円～、同乗乗船散骨プラン 12 万 6,000 円～。

### ④ 樹林墓地

平成 26 年の募集で 16 倍の人気を集めた都立の小平霊園樹林墓地は、樹木の下に設けた共同埋蔵施設に、専用の袋に入れた遺骨を多数埋蔵する。埋蔵予定数は１万 700 体で、今年度の募集は終了したが、来年度も募集予定。

**約 13 万 4,000 円（小平霊園）**

＊遺骨１体。遺骨を粉状にしたものの場合は４万 4,000 円。管理費不要。

#### 桜葬

NPO 法人日本エンディングセンターが企画する、桜の木をシンボルにした樹木葬墓地の一種。芝生内に１人用から家族用まで区画が設定されている。

**約 40 万円（町田いずみ浄苑）**

＊１人区画の例。４体なら 100 万円など。管理費不要、埋葬時には別途埋葬料３万円。

### ⑤ バルーン宇宙葬

遺灰を特殊な方法で巨大なバルーン（直径 1.5 ～ 2m）に詰め、大空へ飛ばし、散骨。

**約 18 万円～**

＊遺骨１体。遺骨粉末化 12,000 円（出張費 5,000 円＋交通費実費）、実施場所使用料 10,000 円

**ポイント！**

- 樹木葬や散骨は、故人の遺骨を回収できない
- 散骨はマナーを守って、節度ある場所で行う

## 【手元供養グッズ】

近年、遺骨の一部や遺灰を小さな容器に入れて手元に置いておく「手元供養」という供養のかたちを望む人が増えています。

一般に市販されているものとして、ペンダントやブレスレット、ジュエリーの内部に入れられるタイプや、ミニ骨壺などがあります

# 葬式・お墓Q&A

お墓は一生のうちに何度も購入するものではありません。お墓を買う前に考えるべきポイントとは⁉

## Q　遺骨を自宅に置いておけますか？

　夫の遺骨を、お墓ではなく、ずっと自宅に置いておきたいのですが、可能でしょうか？　そのほうがお金もかからないですむと思うのですが……。

## A　法的には問題ありません

　埋葬法は、遺骨を墓地以外に埋葬してはならないことになっていますが、自宅に遺骨を置くことは埋葬ではありませんので、法律的には問題ありません。ただ、「お墓に入れないと成仏できない」と考える人もいますので、あなたの気持ち次第になります。

## Q　遺体の身繕いの費用はいくらですか？

　映画で納棺師のことを知りました。実際に死に化粧のようなことをしてもらうと、いくらかかるのですか？

## A　病院によってまちまちです

　映画のような納棺師はなかなかいませんが、病院では、エンゼルケアという死後処置をしてくれる病院が増えています。遺体から体液が漏れないように、口や鼻などに脱脂綿をつめてくれたり、女性の遺体なら薄化粧をしてくれたりします。費用は、病院によってさまざまで、無料から数千円のところもあれば、5万円以上という本格的なエンゼルケアをするところまであります。

Q

## 家の近くにお墓を引っ越しさせたいです

お墓が家から遠くにあるので、近くに引っ越しさせたいのですが、どうすればよいでしょうか？

A

## まずは管理者にご相談ください

お墓を引っ越すことを改葬と呼びます。改葬をするには、まず現在のお墓の管理者（お寺の場合は住職）からの許可がいるので、改葬の相談をします。お寺の場合は、改葬すると檀家を離れることになり、住職が難色を示すこともあります。また、改葬するときは、今までのお礼ということで、お布施をします。次に新しい墓地と契約をし、「受入証明書」をもらい、現在のお墓からは「埋葬証明書」をもらい、「改葬許可交付申請書」に捺印をしてもらいます。そして上記３点の書類を市町村に提出し、「改葬許可証」をもらいます。新しいお墓に遺骨などを移したら、供養をします（95ページ**図３**参照）。

Q

## ペットと一緒にお墓に入れますか？

大事なペットと一緒のお墓に入りたいのですが、可能でしょうか？

A

## はい、埋葬に許可はいりません

大事に飼っているペットは、家族同然に思っている人も多いと思います。法律上はペットの遺骨は一般廃棄物という扱いになりますので、埋葬には許可はいりません。一緒のお墓に納骨しても法律上は問題ありません。しかし、霊園によっては、ペットを埋葬することを禁止しているところもありますので、注意してください。

## エンバーミングとは

遺体に「防腐」や「殺菌」や「修復」の処理を施すことで、遺体を洗浄・消毒し、顔などの復元処理と化粧により、遺体を「美しい容姿」に整えることです。

**主なサポート**

- 往復搬送（地域限定）
- 防腐・殺菌・修復・復元
- 着せ替え・メイク・メイク直し
- 納棺サポート

**一般的な料金**

15万～20万円

＊1 エンバーミングは刑法190条（死体損壊罪）その他の法律に抵触するものではなく、遺体を衛生的安全に保全するものです。

＊2 施術では一般社団法人 日本遺体衛生保全協会（IHSA）の認定資格保有者によって行われます。

# 安らかな最期を演出するエンバーミング

死に顔が安らかだと、深い悲しみに陥っている遺族の方も、多少は心が救われた思いをすることもあります。事故などでひどく損傷した遺体や苦しい死に顔の遺体などに処置を施して、安らかな死に顔に近づける方法がエンバーミングです。

エンバーミングは、死に化粧のような病院で施すエンゼルケアよりも、さらに手の込んだ処置を施します。遺体を洗浄し、血液を抜き取り、代わりに防腐液を注入します。場合によっては、顔などに復元処置を施します。エンバーミングで処置をした遺体は、顔色がよく安らかに眠っているようになります。

エンバーミングは、欧米などではよく行われる処置です。日本に導入されたのは1988年からで、1995年の阪神淡路大震災がきっかけで普及したといわれています。安らかな最期を演出する費用は、業者によって多少の差はありますが、約15万～20万円です。

### エンバーミングのメリット

- 腐敗などによって起こる黄疸、水泡、異臭や腹水を防止できます。また、各種の感染症にかかって亡くなった場合、遺族などへの感染を防ぐ効果もあります。
- 長期の闘病生活によって頬がこけたり、事故によって遺体が損傷している場合、遺体を修復して元の美しい表情を取り戻すことができます。
- 遠方からの親族の帰宅を待って葬儀が行えます。10日から2週間の保存が可能です。
- 火葬の順番待ちが必要なときも、保冷室に入れることなく、遺族が側に付き添うことができます。
- 解剖された遺体の場合、体液の漏れ、腐敗を防止できます。
- 在日外国人が国内で死亡したとき、遺体を本国に送るために、エンバーミングが義務づけられていることもあります。

# 用語説明

**【控除】**「差し引く」という意味です。税金を計算するときに、よく登場します。たとえば、所得税だと、所得の金額から、「基礎控除」などあらかじめ決まった金額を差し引いて（控除して）、課税される金額を算出します。控除することで、課税される金額が安くなります。「××控除」という名前で登場します。

**【区分別の控除】**相続税を計算する際に登場する控除です。課税遺産総額にその金額に応じた税率を掛けて相続税額を算出しますが、税率を掛ける前、最後に差し引くことができる金額のことです。その差し引くことができる金額は、課税遺産総額によって変わってくる、つまり課税遺産総額の区分によって変わってきます。たとえば、課税遺産総額が１０００万円以下は控除額はなし、３０００万円以下は50万円の控除、５０００万円以下は２００万円の控除、ということになります。（相続税は13ページ参照）。贈与税の場合も同様です。（贈与税は23ページ参照）

**【共有財産】**不動産などの財産を、１人が所有するのではなく、複数人で所有することです。共有財産では、それぞれの共有者には、「持分」が決められます。全体に対して3分の1とか、50パーセントなどのように、具体的な数字であらわされます。

**【非課税財産】**相続税を計算するときに、相続財産から除外する財産のことです。たとえば、「お墓や仏壇」「国・地方公共団体・特定の公益法人に寄附した財産」「生命保険金・死亡退職金のうち一定額まで」（15ページ参照）などです。

**【受贈者】**贈与を受ける人。つまり、財産をもらう人です。贈与税は財産をもらう人が払う税金です。

**【家庭裁判所の検認】**検認とは、相続人に対して遺言の存在や内容を知らせ、遺言書の形状、加除訂正の状態、日付、署名など検認の日現在における遺言書の内容を明確にし、遺言書の偽造・変造を防止するための手続きです。遺言の有効・無効を判断する手続ではありません。被相続人の自筆証書遺言を発見したら、必ず家庭裁判所で開封をします。勝手に開封すると過料に処せられます。また、封をしていない場合であっても、検認の手続きは必要です。遺言書の中で検認の手続きが必要なのは、自筆証書遺言と秘密証書遺言です。なお、これらの遺言書を、家庭裁判所の検認なしで手続きを進めようとしても、銀行や法務局では受け付けてもらえません。

**【遺言執行者】**遺言書の内容を実行する人をいいます。相続人の代理人として、相続財産の管理や名義変更などの手続きを行います。遺言執行者は、遺言で指定する場合と、家庭裁判所により選任される場合とがあります。遺言で指定する場合は、被相続人の身内だけでなく、弁護士や行政書士などの専門職が依頼されることもあります。家庭裁判所の選任は、遺言執行者がいないときや亡くなったときに、利害関係人の請求があって選任されます。

**【直系尊属】**　父母・祖父母など自分より前の世代で、直通する系統の親族のことです。直系尊属には、叔父や叔母、配偶者の父母や祖父母は含まれません。

**【直系卑属】**　直系尊属とは逆に、自分から見て子や孫のことは直系卑属といいます。

**【固定資産税評価額】**　固定資産税を課税するため物件の基準となる評価額で、市町村や都税事務所（東京23区の場合）が決めた価格です。実際の取引価格（実勢価格）の60～70パーセントといわれています。相続税や贈与税の計算で、建物の評価をするときに使います。また、路線価のない土地の評価のときにも使われます。さらに、登記のときは土地や建物の不動産取得税や登録免許税を決める基準にもなります。自分の不動産の固定資産税評価額を知りたいときは、市町村の税務課や東京23区の場合は都税事務所で閲覧することができます。閲覧できるのは、その物件の固定資産税の納税者や納税者から委任を受けた人などです。

**【路線価】**　国税庁が決めた土地の価額です。実際の取引価格（実勢価格）の70～80パーセントといわれています。相続のときは、土地の評価をするときに路線価が使われます。路線価は、全国のすべての土地にあるわけではなく、主要都市の市街地の道路にしか設定されていません。

**【倍率方式】**　国税庁が決めた土地の評価方法です。路線価は全国の主要な市街地の道路にしか設定されていないので、路線価のない土地を評価するときに使われます。路線価の代わりとなるのは、固定資産税評価額ですが、固定資産税評価額は路線価より低い評価になっています。そのまま相続税・贈与税の評価額とすると不公平になるので、相続税・贈与税の評価の際には、これを何倍かにします。これが倍率方式です。

**【限度面積】**　小規模宅地等の特例では、いろいろな条件がつけられています。その1つが、特例が適用できる土地の面積が決まっていて、これを限度面積といいます。たとえば、特定居住用宅地等の場合、限度面積は３３０㎡です。この面積以下の土地は、評価額を80％減額して相続税を計算できます（16、32ページ参照）。

**【減額割合】**　小規模宅地等の特例が適用されるとき、土地の評価額を低く試算するのですが、その割合のことです。特定居住用宅地等、特定事業用宅地等、特定同族会社事業用宅地等は、80％の減額で評価。貸付事業用宅地等は、50％の減額で評価となります。

**【特定居住用宅地等】**　小規模宅地等の特例の対象となります。相続開始の直前において被相続人（亡くなった人）等の居住の用に供されていた宅地等で、被相続人と同居していた親族が取得した宅地、もしくは、被相続人の配偶者が取得した宅地です。３３０㎡以下の面積には、評価額を80パーセント減額して相続税を計算することができます。

**【特定事業用宅地等】**　小規模宅地等の特例の対象となります。相続開始の直前において被相続人（亡くなった人）等の事業（貸付事業を除きます）の用に供されていた宅地で、被相続人の親族が取得した宅地です。その宅地等の上で営まれていた被相続人の事業を、相続税の申告期限までに引き継ぎ、その申告期限までその事業を営んでおり、かつ、その宅地等を相続税の申告期限まで有していれば、小規模宅地等の特例が適用されます。

**【特定同族会社事業用宅地等】**　小規模宅地等の特例の対象となります。相続開始の直前から相続税の申告期限まで、一定の法人の事業（貸付事業を除きます）の用に供されていた宅地等で、被相続人（亡くなった人）の親族が取得した宅地です。相続税の申告期限において、その法人の役員であり、その宅地を相続税の申告期限まで有していれば、小規模宅地等の特例が適用されます。

**【貸付事業用宅地等】**　小規模宅地等の特例の対象となります。相続開始の直前において、被相続人（亡くなった人）等の貸付事業の用に供されていた宅地等で、被相続人の親族が取得した宅地です。その宅地等に係る被相続人の貸付事業を、相続税の申告期限までに引き継いで、その申告期限までその貸付事業を行っており、かつ、その宅地等を相続税の申告期限まで有していれば、小規模宅地等の特例が適用されます。

**【公証役場】**　国民の私的な法律紛争を未然に防ぎ、私的法律関係の明確化、安定化を図ることを目的とした役所です。公正証書の作成、私署証書や会社等の定款に対する認証の付与、私署証書に対する確定日付の付与などの業務があります。

**【公証人】**　公証役場で公正証書の作成や認証などを行う人です。長年法律関係の仕事をしていた人の中から法務大臣が任命します。元裁判官や元検察官などが選ばれることが多いようです。

**【高額介護サービス費】**　公的介護保険を利用し、自己負担1割の合計の額が、同じ月に一定の上限を超えた場合、市区町村に申請をすると「高額介護サービス費」として払い戻される制度です。健康保険の高額医療費と似た制度です。自分で申請しないともらえません。２年で時効になります。

**【ケアプラン】**　介護保険制度で要介護認定を受けたときに、本人の希望や必要性と利用限度額や回数に基づいて作成される介護サービスの利用計画のことです。

**【ケアマネジャー】**　正式には、介護支援専門員といいます。介護を必要とする人のケアプランを立てたり、要介護認定の書類作成代行したり、介護の相談にのったりします。

**【成年後見監督人】**　認知症などで判断能力が欠けた人のために、本人に代わって財産の管理などをする成年後見人を監督する立場の人です。後見人が任務を怠ったり、不正な行為を行わないよう監督する役割を担います。たとえば後見人が被後見人の親族などのケースで、家庭裁判所が必要と判断したときに、第三者となる弁護士や司法書士などが後見監督人としてつけられることがあります。

**【無縁墓】**　引き継ぐ人がいなくなり、管理料が支払われなくなったお墓のことです。墓地の管理者は、無縁墓に関する権利を有する者に対し、1年以内に申し出るべき旨を官報に掲載し、かつ無縁墓等の見やすい場所に設置された立て札に1年間掲示して公告し、その期間中にその申し出がなかった旨を記載した書面を管轄する役所に提出することにより、無縁墓を容易に改葬できます。無縁墓として認定されると、遺骨はお墓から取り出され、墓地にある無縁供養塔などに他の遺骨と一緒に納められます。

【な行】



【は行】



【ま行】



【や行】



【ら行】

# 索引

## 【あ行】



## 【か行】



## 【さ行】



## 【た行】

## ■監修者紹介


### 島添浩（しまぞえ・ひろし）

アースタックス税理士法人 代表社員。税理士・CFP®。
中央大学商学部会計学科卒業後、FPを取得し、大手生命保険会社にて営業職として勤務するとともに大手火災保険会社にて損害保険代理業も兼業。その後、税務会計事務所にて法人・個人の記帳決算及び申告業務、相続税等の申告業務など税理士顧問業務に従事。資格取得後の2000年に税理士登録とともに島添税務会計事務所を設立し、税理士顧問業やそれに付随する事業承継対策や経営コンサルなどを行う。2006年に業務拡大を目的としてアースタックス税理士法人を設立し、代表社員に就任し、現在に至る。

### アースタックス税理士法人

アースタックスグループでは、税務顧問業務から、事業承継・M＆A等のコンサルティング業務はもとよりビジネスマッチングに至るまで、総合的なアドバイザリー業務を行っている。資産活用や相続に悩む個人のお客様から、企業経営の効率化に悩む中小企業のお客様・事業承継に悩む上場企業オーナーのお客様まで、お客様のステージにあわせたアドバイスを提供している。http://www.earth-tax.com/





執　筆／菅乃廣（行政書士）
編集協力／ユニバーサル・パブリシング株式会社
カバーデザイン／オグエタマムシ（ムシカゴグラフィクス）
カバーイラスト／大塚砂織

---

**みんなが知《し》りたかった！老《ろう》後《ご》のお金《かね》**

---

2015年5月15日　初　版　第1刷発行

| | |
|---|---|
| 編著者 | TAC出版編集部 |
| 発行者 | 斎藤博明 |
| 発行所 | TAC株式会社 出版事業部（TAC出版） |
| | 〒101-8383 東京都千代田区三崎町3-2-18<br>電話 03（5276）9492（営業）<br>FAX 03（5276）9674<br>http://www.tac-school.co.jp |
| 組版 | ユニバーサル・パブリシング株式会社 |
| 印刷 | 株式会社 光邦 |
| 製本 | 東京美術紙工協業組合 |


---



ISBN 978-4-8132-6202-2